心の発達支援シリーズ 4

小学生・中学生

情緒と自己理解の育ちを支える

松本真理子／永田雅子／野邑健二●監修
松本真理子／永田雅子●編著

明石書店

「心の発達支援シリーズ」刊行にあたって

　近年、発達障害圏と診断されている子どもに限らず、先生や保護者にとって「発達が気になる」子どもが急増しています。そうした子どもたちに対して、学校現場では対応の困難さを抱え、家庭ではしつけの悩みや子育ての疲弊など、さまざまな場面で多くの問題を抱えている現状にあります。また、発達が気になる子どもたちの中には、いじめや友人関係のトラブルなどをきっかけとして二次障害の問題を抱えることも少なくありません。
　わが国における特別支援教育制度発足当時（平成17年）の児童生徒は、現在では大学生や社会人に成長しています。このわずかの間に、小中高校にとどまらず、大学における発達障害学生支援や、職場の不適応への支援ひいては成人の発達障害者支援など、発達障害をめぐる問題は社会全体が取り組まねばならない課題となってきているのが現状と思われます。
　こうした中、学校教員向けの学習支援や指導テキスト、保護者向けの育児マニュアルなど多くの図書が出版されてきました。しかし、乳幼児期の早期発見に始まり発達段階に沿って、心と学習支援の両面について具体的に解説した図書はこれまでに見当たりませんでした。
　本シリーズでは、発達障害圏を含む「発達が気になる」子どもを抱える保護者や学校の先生が、生涯発達のまなざしをもって発達段階ごとに子どもの課題を客観的に理解し、適切なかかわりを行うための指針となることを目指しています。
　本シリーズを通しての特徴として、次のことがあげられます。
(1)「発達障害」という診断名にかかわらず、先生や保護者にとって「発達が気になる」子どもに対するかかわりや支援の視点で構成しています。

(2) 乳幼児期から大学生まで発達の視点にそって各段階におけるかかわりや支援の方法を具体的に解説しています。
(3) 第1章では、一般的な定型発達の概説と、発達上のつまずきやすい問題について概説しています。
(4) 第2章では、「気になる」問題を具体的に提示し、原因となる背景とかかわりや支援のポイントについて述べています。
(5) 第3章（4章）では、事例にそった具体的なかかわりや支援とその後の経過について述べています。
(6) 第3巻（小学生）と第5巻（中学生・高校生）では、学習支援の方法について解説しています。

なお本シリーズでは、より具体的に理解しやすくなるよう、事例を通した解説も多く取り入れていますが、事例については、保護者および本人の同意を得た事例においても個人が特定されないよう改変し名前は架空のものになっています。多くの事例は各執筆者がかかわってきた複数の事例をもとにした仮想事例であることをお断りしておきます。

本シリーズが「発達が気になる子どもたち」に日々寄り添い、かかわり、支援している学校の先生、保護者皆様そして専門家皆様にとって道標となり、子どもたちの健やかな成長に少しでも貢献できることを願っております。

監修者一同

「心の発達支援シリーズ」ラインナップ

【心の発達支援シリーズ1】
乳幼児　育ちが気になる子どもを支える
永田雅子、松本真理子、野邑健二【監修】　永田雅子【著】

【心の発達支援シリーズ2】
幼稚園・保育園児　集団生活で気になる子どもを支える
野邑健二、永田雅子、松本真理子【監修】　野邑健二【編著】

【心の発達支援シリーズ3】
小学生　学習が気になる子どもを支える
野邑健二、永田雅子、松本真理子【監修】　福元理英【編著】

【心の発達支援シリーズ4】
小学生・中学生　情緒と自己理解の育ちを支える
松本真理子、永田雅子、野邑健二【監修】　松本真理子、永田雅子【編著】

【心の発達支援シリーズ5】
中学生・高校生　学習・行動が気になる生徒を支える
松本真理子、永田雅子、野邑健二【監修】　酒井貴庸【編著】

【心の発達支援シリーズ6】
大学生　大学生活の適応が気になる学生を支える
松本真理子、永田雅子、野邑健二【監修】　安田道子、鈴木健一【編著】

本シリーズにおける診断名表記について

　これまでわが国で使用されてきた発達障害圏の診断名については、2014年にDSM-5の日本語版が刊行されるにあたって、名称に変更がありました。変更の大きな点としてはこれまでの「障害」に加えて「症」が併記されるようになったことです。この背景について、日本精神神経学会精神科病名検討連絡会は「患者の理解と納得が得られやすいもの」「差別意識や不快感を生まない名称であること」「国民の病気への認知度を高めやすいものであること」などが基本にあることを報告しています（『精神神経学雑誌』第116巻6号，2014: 429-457）。

　DSM-5病名・用語翻訳ガイドラインによると新たな診断名としては以下のようになっています。

旧（DSM-Ⅳ）診断名	新診断名	略語
広汎性発達障害 （自閉症・アスペルガー障害など）	自閉スペクトラム症／ 自閉症スペクトラム障害	ASD
注意欠如・多動性障害	注意欠如・多動症／ 注意欠如・多動性障害	ADHD
学習障害	限局性学習症／限局性学習障害	SLD

　現在は、医療機関や行政施設などでも、従来の診断名が用いられていたり、新しい診断名が用いられたりさまざまな状況にあります。

　本書では、今後新しい診断名が浸透してくることを予想し、原則として新診断名で統一し、各章・各節での初出部分は新診断名を記載、さらに括弧書きで旧診断名を記載しました。診断名が頻出して読みづらくなる章や節では、上記表中の「略語」で記載しています。

　また「発達障害」という用語は本シリーズでも頻出しています。DSM-5ではこれに該当する名称としては「神経発達症群／神経発達障害群」ですが、内容的にすべてが一致するものではありません。したがって、「発達障害」という名称は、従来通りそのまま使用することにしました。

はじめに

　発達障害圏の子どもや「発達が気になる」子どもたちの多くは、幼少の頃より、集団になじめないことや友だちができないことなどに悩み、あるいは家庭や学校での失敗に対して親や教師から叱責され非難されるなど、少なからず否定的な体験を重ねていることが多いものです。そしてその結果、不登校、いじめ、抑うつ状態やひきこもりなどさまざまなSOSを発信し、苦戦する子どもがたくさんいます。

　周囲の大人が「気になる」と思うことは、じつは子どもたちのSOSであることがしばしばあります。

　こうした子どもたちは、否定的な自己イメージを抱えたまま成長する可能性があります。生涯発達の視点からも、こうした二次的問題の予防や早期支援はとても大切です。

　本書では、児童思春期の自己イメージを含む心の発達を概説した上で、「気になる問題」の背景とかかわり方について事例をまじえて具体的に解説します。

編著者

もくじ

「心の発達支援シリーズ」刊行にあたって　3
はじめに　7

第1章　心の発達とSOS

1　心の発達……………………………………………………………………12
　① 発達心理学からみた心の発達——12
　② エリクソンの発達課題と心の発達——18
　③ フロイトの精神分析からみた心の発達——24
2　心のSOS…………………………………………………………………29
　① 二次障害——29
　② 自己理解の発達と問題——40

第2章　SOSへの支援

1　情緒の支援………………………………………………………………48
　① 無気力・やる気がでない——48
　② 不安・パニックになりやすい——53
　③ 元気がでない・うつ状態——58
2　行動の支援………………………………………………………………65
　① こだわりが強い——65
　② 衝動的行動・攻撃性をコントロールする力が弱い——70
　③ 非行の問題——75
3　対人関係の支援…………………………………………………………80
　① 場面が理解できない・共感する力が弱い——80
　② コミュニケーションが苦手——84

③ 友人ができない――89
 4　そのほかの支援………………………………………………………95
　　① 身体症状――95
　　② 習癖異常――100
　　③ 性の問題・異性関係の悩み――105

第3章　自己理解の支援

 1　得意なこと・苦手なこと、好きなこと・嫌いなことを知る……112
 2　自分のよいところを知る……………………………………………119
 3　気持ちと身体について知る…………………………………………125
 4　怒りのコントロールとリラックスの方法を知る…………………132
 5　困っていることのSOSを出す………………………………………140
 6　他者から見た自分について知る……………………………………146

第4章　事例にみる支援方法

 1　衝動性と攻撃性のコントロールが弱い子どもへの支援…………152
 2　場面が理解できない子どもへの支援………………………………158
 3　こだわりが強い子どもへの支援……………………………………164
　　――完ぺき主義が気になる子ども
 4　否定的自己の子どもへの支援………………………………………175
　　――「僕はどうせダメなんだ」と自分を責める男児
 5　自己理解の乏しい子どもへの支援…………………………………186

カバー・本文イラスト　今井ちひろ

第1章 心の発達とSOS

　本章では、児童期から思春期にかけての心の発達について考えます。
　1節では社会性・情緒・自己イメージの一般的な発達について概説し、また心の発達理論として有名なエリクソンとフロイトの発達理論についても概説します。発達の基礎知識をもつことによって、子どもの言動が理解しやすくなります。
　2節では、この時期の子どもたちが抱えやすい二次障害とはどのような状態なのか、そして自己理解においてどのような悩みを抱え、どんなことにつまずきやすいのかについて概説します。

1 心の発達

① 発達心理学からみた心の発達

● はじめに

　小学校段階の児童期から中学校段階の思春期にかけて、子どもたちの心や体にはさまざまな変化が現れます。児童期・思春期を通してもっとも大きく変化するのが、身長や体重といった身体の変化です。それにともない運動能力も飛躍的に変化し、男女差も見られるようになります。児童期の後期から思春期にかけては、性ホルモンの働きで第二次性徴が始まり、急激な身体的・生理的変化があります。この時期は、変化する身体と心の成長がつり合わず、精神的に不安定になりやすい時期でもあります。

　また、学校では、集団生活が重要視され、社会的なルールを習得することが求められるようになります。また発達にともない、大人との関係に加え、友人との関係が広がることで、対人関係面でも大きな変化が生じます。

● **友人関係の発達**

　児童期・思春期では、友人関係が子どもたちの心的生活の多くの部分を担うようになります。子どもたちは、どのような基準で自分の友人を選ぶのでしょうか。幼児期・児童期初期では、家が近いな

ど物理的に接近している近接性が重要な要因ですが、加齢とともに、興味や関心、性格や行動が類似していることがその理由となってきます（田中, 1975 など）。

小・中学生における友人関係の発達は、以下の視点からとらえることもできます。

① ギャング・グループ

児童期中期ごろになると、ギャング・グループという閉鎖性の強い徒党集団が自然発生的に現れます。そのため、この時期はギャング・エイジとよばれます。この集団は、基本的には同性のメンバーで形成される遊びの仲間集団であり、特徴として、同一行動による一体感がもたらす親密さが挙げられます。とくに男子によくみられる友人関係です。

子どもたちは、こうした集団における生活を通じて、集団への協調や自己コントロールなどを学びます。この集団が、子どもの社会性の発達に大きな役割を果たすとされている一方で、少子化や塾通いといった多忙さなどの影響で、徒党集団の形成の困難さが近年指摘されています。

② チャム・グループ

チャム・グループは、思春期前半の中学生、とくに女子によくみられる仲良し集団です。この集団は、仲間内で秘密を共有したり、共通点・類似性をことばで確認し合うところに特徴があります。

● 道徳性の発達

友人とともに過ごすことを通して、この時期には道徳性も大きく発達します。

ピアジェ（Piaget, 1932 大伴訳 1957）は道徳性には他律から自立への3つの段階があると述べています。第1段階では、規則に対しての意識や関心がありません。続く第2段階において、7歳〜8歳の子どもは大人の権威に服従することを正義とし、ルールは絶対的・他律的で、変えられないと考えています。12歳ごろまでに至る第3段階では、ルールをみんなで決めるものと考え、公平さ、平等さを重要視するようになります。

　コールバーグ（Kohlberg, 1971）は、ピアジェの理論を発展させ、道徳性の発達として、慣習以前、慣習的、慣習的以降の3水準と以下の6段階を設定しました。第1段階は罰を避けることや、力への絶対的服従に価値があると考える段階、第2段階は自分自身の欲求や、ときに他人の欲求を満たすことによって善悪を決める段階、第3段階は善い行動とは、人を喜ばせる行動であると考える段階、第4段階は正しい行動とは、権威や社会秩序を尊重することにあると考える段階、第5段階は、社会全体により吟味され、同意された基準によって正しい行為が規定される段階、第6段階は論理的包括性、普遍性、一貫性に基づき、自ら選択した倫理的原理に一致する良心によって正しさが決まる段階とされています（コールバーグ, 1987）。

● 向社会性の発達

　向社会性とは、他者に対する思いやりや援助に関する社会性で、向社会行動とは、報酬を得ることを目的とせずに、他者を助けようとしたり、他者のために自発的に行動することを意味します。アイゼンバーグ（Eisenberg, 1986）は、向社会性について、自分の快楽によって考える段階（幼児期から小学校低学年）から、相手の立場にたって共感的に考える段階（小学校高学年）を経て、規範や価値が強く内面化された段階（中高生の一部からそれ以降）に至るという、

発達段階を示しました。

● **情緒の発達**

　対人関係の広がりを通して、児童期・思春期には、喜び・怒り・悲しみといった感情状態を指す情緒も複雑に発達していきます。児童期からの情緒の表現方法は、幼児期のように直接的・行動的・爆発的でなく、間接的・言語的・抑制的になります。また、自己統制力が強まり、自身の情緒の表出をコントロールすることによって、その表現は穏やかになります。児童期は、情緒的発達面において比較的安定し、落ちついていると考えられています。

　一方で、思春期には心身の発達のアンバランスさにともない、情緒面にも揺れ動きがみられます。白佐（1979）は、この時期の情緒面の特徴について、「緊張が強く、不安定で、極端から極端へ動揺し、強烈である」と述べています。思春期には、性的発達にともない、性愛や嫉妬といった情緒も広がりをみせます。また、そのような情緒の表出に社会的な制約や干渉を受けることがありますが、それに対して反抗心をもち、怒りとして表現することがあります。

　児童期・思春期の情緒的安定に大きな役割を果たすのが、友人関係です。サリヴァン（Sullivan, 1953 中井・宮崎・高木・鑪訳 1990）は、友人関係がもつ情動的サポートの機能について報告し、とくに児童期後半から青年期初期における同性の友人との親密な関係が、子どものウェルビーイングを高めると述べています。

● **自己イメージの発達**

　自分自身をどのように考え、評価しているのかという自己イメージは、子どもたちの心理面や行動面に大きな影響を及ぼしています。自己イメージと同義として扱われることのある自己概念の発達傾向

について、モンテメイヤーとアイゼン（Montemayor & Eisen, 1977）が自由記述による調査を行った結果、児童期後期ごろは持ち物や遊びといった客観的な属性から自己を記述している一方で、青年期前期以降は思想や信念、特徴といった抽象的で主観的な記述が増加する傾向が明らかとなりました。

　一方で自己概念は、自己記述の側面だけではありません。たとえば、自己概念の一部には評価的・感情的側面である自尊感情や自己評価が含まれます。集団で過ごすことが多くなることで、子どもたちは他者との比較や仲間との関係性といった観点から、自己を見つめて評価し始めます。これにより、自己イメージはさらに複雑になっていきます。ハーター（Harter, 1998）によると、児童期後期から思春期初期ごろに自己評価は低下しますが、その後次第に肯定的になることが示されています。自己イメージの形成は相互作用の中で起こってくるものであり、とくに児童期後半から思春期にかけては、自己評価と他者評価の関連が強くなることから、親や友人、教師といった周囲の人々の言動が大きな影響を及ぼします。また、自己の体験も重要となります。こうしたものが互いに作用しあって、自己イメージは変化していきます。

● **おわりに**

　以上のように、児童期から思春期は、身体の変化だけでなく、社会性や情緒、自己イメージの発達において、大きな変化が見られる時期であり、これらすべてがかかわりあいながら進んでいきます。一般的な発達を理解することで、子どもたちへ適切な対応ができることもある一方で、発達には個人差があることを忘れてはならず、個々の発達について考えることも重要だと思われます。

文献

Eisenberg, N.（1986）*Altruistic emotion, cognition, and behavior.* Hillsdale, New Jersey: Lawrence Erlbaum Associates.

Harter, S.（1998）The development of self-representations. In Damon, W. & Eisenberg, N.（Eds.）, *Handbook of Child Psychology*. 5th ed. Vol. 3. :Social, emotional, and personality development. New York: Wiley, 553-617

Kohlberg, L.（1971）From is to ought ; How to commit the naturalistic fallacy and get away with it in the study of moral development. In T. Mischel（Ed.）, *Cognitive development and epistemology*. New York: Academic Press.

コールバーグ・L、岩佐信道訳（1987）『道徳性の発達と道徳教育』広池学園出版部

Montemayor, R, & Eisen, M. 1977 The development of self-conceptions from childhood to adolescence. *Developmental Psychology*, 13, 314-319

永野重史編（1985）『道徳性の発達と教育――コールバーグ理論の展開』新曜社

Piaget, J.（1932）*Le jugement moral chez l'enfant.*／ピアジェ、J、大伴茂訳（1957）『ピアジェ臨床児童心理学Ⅲ――児童道徳判断の発達』同文書院

白佐俊憲（1979）『発達心理学要説テキスト』川島書店

Sullivan, H,S.（1953）*The interpersonal theory of psychiatry.* New York: W.W. Norton.／H・S・サリバン、中井久夫・宮崎隆吉・高木敬三・鑪幹八郎訳（1990）『精神医学は対人関係論である』みすず書房

田中熊次郎（1975）『新訂　児童集団心理学』明治図書

② エリクソンの発達課題と心の発達

● はじめに

　エリクソン（Erikson）はフロイト（Frued）の確立した精神性的発達理論に、文化・社会的な視点を取り入れた独自の発達理論を提唱しました。彼の発達理論には、思春期以降の青年期や老年期が含まれていることも特徴的であり、生涯を通して8つの発達段階があるとしました。また、それぞれの発達段階には特有の課題があり、危機を体験しながらも、うまく対処することで発達課題を達成していくと考えました。この危機の克服に焦点を当てたことも、彼の理論の特徴のひとつとしてあげられます。

● 心理社会的発達段階

　エリクソンの心理社会的モデルにおいて、それぞれの段階には発達に関して重要な意味をもつ課題があり、それらを解決することによって発達が起こると考えられています。表1-1は、乳児期から成熟期にいたるまでそれぞれの発達段階と、2つの概念で表される自我の特質を示しています。各時期の特徴について、以下追っていきます。

◆第1段階（乳児期）　基本的信頼対不信

　初めて外界と接することになるこの時期は、「基本的信頼感」をもつことが課題となります。この時期とくに重要なのは、身近な養育者との関係であり、養育者からの扱い方が支持的で一貫性のあるものであれば、子どもは安心感を得て、外界や自分自身を受け入れ

表1-1　エリクソンの心理社会的発達の8段階

成熟期								統合性対絶望感
成人期							世代性対停滞性	
成人初期						親密性対孤立		
思春期・青年期					同一性対同一性の拡散			
児童期				勤勉性対劣等感				
幼児後期			主導性対罪悪感					
幼児前期		自律性対恥・疑惑						
乳児期	基本的信頼対不信							

るという能力が発達することになります。一方、扱い方が不適切だと、不信感を抱くことになります。

◆ **第2段階（幼児期前期）　自律性対恥・疑惑**
　この時期、子どもたちは「自分でやりたい」気持ちを強く主張し

ます。一方で、トイレットトレーニングにみられるように、しつけなど外側からの要求も多くあります。その中で、養育者が過保護だったり過度に叱責したりすると、子どもたちは要求に応えられない恥ずかしさや自分に対する疑惑といった気持ちをもつことになります。養育者の適切なサポートによって、子どもたちが自分の行動をうまくコントロールすることを学び、自律の感覚が生じます。

◆第3段階（幼児期後期）　主導性対罪悪感
運動能力の発達もあり、子どもたちの自主的な行動はさらに増えます。その際、援助や励ましといった周囲の人たちからの適切な反応は、子どもたちの自発性を伸ばします。一方、経験を禁止されたり、非難を受けたりすると、罪悪感が大きくなる危険性があります。

◆第4段階（児童期）　勤勉性対劣等感
このころの子どもたちの好奇心は外界へ向き、認知的発達とあいまって、学ぶ喜びを見出します。この時期は、子どもたちがそれぞれの所属する社会の中でうまくやっていくために、社会の要求する技能や価値観を習得することが必要とされています。その中で、何かをやり遂げ、他者に認められることを通して、自分の得意なことや良さに気づき、勤勉性を発達させ、達成感や満足感を得ていくとされています。

一方で、学習する機会を与えられなかったり、自分なりの努力を認めてもらえなかったり、主体的ではなく嫌々学習したりしていると、子どもたちは学ぶ喜びを見出せないことから、全力でもしくは上手に取り組むことができず、劣等感を強く感じるようになります。このような劣等感が継続することは、児童期の危機として捉えられています。

この段階の課題の達成を通して、子どもたちにはコンピテンス（有能感）が生まれるとされています。コンピテンスとは、いくらかの悩みをもちながらも、自分の得意なものに関してはある程度達成でき、そのことを誰かに評価してもらえるという信頼があり、達成への努力を怠らないことです（澤田, 1995）。このコンピテンスという感覚は、彼らが学校や社会に参加するための基礎となります。

◆第5段階（思春期・青年期）　同一性対同一性の拡散

　青年期における課題は、同一性（アイデンティティ）を発達させ、確立することです。エリクソンは、アイデンティティの感覚について、「内的な斉一性と連続性を維持しようとする個人の能力と、他者に対する自分の存在の意味の斉一性および連続性とが一致したときに生じる自信」と述べています。斉一性とは、自分が多様な面をもっていたとしても、それを自分の一面として同じであるという認識をもてていることで、連続性とは、時間的な流れの中での普遍性を意味しています（平石, 2008）。簡単に言うと、アイデンティティとは、「私は私である」や「私らしく生きている」という感覚を示しています。そして、このアイデンティティは他者との関係性によって支えられています。自我が分裂し、アイデンティティの自覚ができないと、自分を見失い、混乱していきます。

　青年期には、さまざまな体験を通して、自己の斉一性と連続性を確立しなければなりませんが、「自分とは何者か」の答えは容易に見つかるものではありません。しかし、アイデンティティの基盤を形成するために、支持的な環境の中で、自分自身としっかり向き合っておくことが、その後の人生のために重要です。

◆第6段階(成人初期) 親密性対孤立

この段階では職業的な目標を達成するだけでなく、アイデンティティを失わずに、他者との親密な関係を築いていくことが重要になります。これまでの段階それぞれで示されてきた自我の力と密接な関係があります。この時期に、他者と親密な関係性が形成できないと感じている場合には、孤立感が生じます。

◆第7段階(成人期) 世代性対停滞性

社会的な役割を果たし、次の世代への関心をもち、援助・育成していくことを、エリクソンは世代性という言葉で表現し、第7段階の課題としました。次世代に対する関心がなく、自分のことばかり考える人は、停滞といった危機に直面することとなります。

◆第8段階(成熟期) 統合性対絶望感

この時期は、良い面も悪い面も含めて、自分の人生が有意義で価値のあるものだったと、肯定的に統合することが重要となります。一方、この課題に失敗すると、自分は価値のない人間だと考えたり、後悔、挫折、空虚といった気持ちを経験し、絶望状態に陥るとされています。

● おわりに

本節では、エリクソンの発達理論、とくに心理社会的発達段階を概観しました。各課題の達成は自我を発達させますが、各課題において、必ずしも成功だけを経験しなければならないというわけではなく、重要なのは、危機を経験しながらもより多くの成功体験をもち、乗り越えていくことです。この理論は、とくに子どもの問題を取り扱う人にとって有意義なものであると考えられます。もちろん

個人差を考慮する必要はありますが、こうした発達段階の特徴を踏まえることで、子どもたちの心の成長に向け、より適切な支援が行われることが期待されます。

文献

Erikson, E. H（1950）*Childhood and society*. New York: Norton.／エリクソン・E・H、仁科弥生訳（1977）『幼児期と社会』みすず書房

平石賢二編著（2008）『思春期・青年期のこころ——かかわりの中での発達』北樹出版

鑪幹八郎（1990）『アイデンティティの心理学』講談社現代新書

Newman, B. M., & Newman, P. R.（1975）*Development through life:A psychosocial approach*. Homewood, IL : Dorsey Press.／B・M・ニューマン、P・R・ニューマン、福富護・伊藤恭子訳（1980）『生涯発達心理学　エリクソンによる人間の一生とその可能性』川島書店

澤田瑞也編（1995）『人間関係の生涯発達　人間関係の発達心理学1』培風館

③ フロイトの精神分析からみた心の発達

　精神分析理論は、オーストリアの医師、S.フロイト（Freud, S., 1856-1939）によって創始されました。もともと精神的な問題を抱える患者の治療実践から生まれた理論で、幼少児期に問題の根源を探るものです。精神分析学の特徴としては、1）人間の心的現象に無意識過程を重視したこと、2）生育歴における幼児期を重視したことや性的要素を重視したこと、に大きな特徴があり、そこからパーソナリティの発達理論が生まれました。

● リビドーの発達

　フロイトは、そもそも人間は性的な存在であり人間のもつ性欲動が精神発達の原動力であると考えました。すなわち、心のエネルギーの源は性的欲動であるということです。これをリビドーと呼び、パーソナリティの発達はこのリビドーの発達に関係すると考えたのです。リビドーは口唇期、肛門期、男根期、潜伏期、性器期という発達段階にそった各段階で感覚部位の快感と満足を体験し、そして成人の性愛へと統合される、としました。

　また発達途上のある段階において葛藤や過度の満足などに陥ると「固着」が生じ、その後何らかの精神的葛藤をかかえると、この固着段階まで退行すると考えました。

　以下に、フロイトの発達段階を概説します。

1）口唇期（oral phase）　0〜1歳半ごろ

　乳児にとってもっとも大きな関心事は母親の乳房を吸うことです。つまり、この時期には口唇性欲が中心になります。乳児が母親の乳

房を吸うことは、栄養摂取という重要な活動であると同時に、母親に抱かれている安心感と口腔内を乳液で満たすという快感から、愛されている、守られているという安心感や外界への信頼感が生まれるのです。

この時期の前半は「吸う」欲動ですが、後半は「噛む」欲動も生じてきます。この時期に固着が生じると口唇性格が形成され、甘えや依存心が強く、おしゃべり、酒飲み、愛煙家など口唇活動の目立つ性格になるとされています。

2）肛門期（anal phase）　1歳半〜3、4歳ごろまで

この時期には肛門括約筋の発達にともない、自分の意思で大便をためたり、排せつしたりできるようになります。そのため幼児の関心は肛門に集中することになります。つまり排泄行為によって快感を得ることができるようになります。この時期はトイレットトレーニングに代表されるしつけ、社会のルールや約束事を身につけていく時期でもあり、社会的な規範にそって衝動や欲求を自分の力でコントロールする「意志」の力が養われる時期です。この時期に固着が生じると、倹約、几帳面、頑固などの肛門性格が形成されます。

3）男根期（phallic phase）　3、4歳〜5、6歳ごろ

この時期には、子どもは性を意識し始め、男の子女の子という性の区別に関心を持ち始めます。

フロイトによると、男の子の場合、母親への愛情や独占欲が強まり、恋敵である父親を憎むようになります。しかし、父親に攻撃を向けると自分のペニスを切られてしまうのではないかという不安（去勢不安）が生じます。その結果、母親への愛情をあきらめ父親への敵意も放棄することになるのです。この過程を経て、母親から

の心理的分離が達成され、男性モデルとしての父親への同一化が始まります。またここから「父親を憎んではいけない、母親を愛してはいけない」という超自我が形成されます。これをフロイトはギリシア悲劇のオイディプス王の物語から、エディプス・コンプレックス（oedipus complex）と名付けました。

　また女の子の場合には母親に対して自分にペニスを与えてくれなかった憎悪から父親へ愛情欲求を向けるようになります。しかし母親への依存心も消えず、父親への欲求や母親への憎悪は抑圧されます。そして母親への同一化が始まります。この過程をフロイトはエレクトラ・コンプレックス（electra complex）と名付けました。

　この時期に固着が生じると、虚栄心、競争心、攻撃性などの男根性格を形成するとされています。

4）潜伏期（latency period）（潜在期）5、6歳〜11、12歳ごろ

　この時期は小学校時代に相当し、いわゆる小児性欲と呼ばれる性欲動は潜伏し不活発になる時期とされています。そして、関心は家族から家族外の社会的な関係世界へ向き、子どもは社会的な力や知的能力を伸ばしていくことになります。すなわち、それまで、家族内に向けられていた心的エネルギーが外に向くことによって、子ども同士の集団的な関係世界での活動が活発になる時期なのです。

5）性器期（genital phase）　11、12歳以降

　いわゆる思春期、青年期と呼ばれる時期であり身体的成熟とともに性的欲求が活発になります。それまで部分欲動として発達してきたものが性器性欲として統合されていく時期であり、成人としての自我や超自我が確立される時期です。すなわち、小児性欲から成人の性欲の世界へと完成する時期で、フロイトは、この時期をもって

「成人」とみなしています。

　以上がフロイトのリビドー発達の理論ですが、フロイトの生きた時代に比べて、現代は社会や生活が複雑化し、子どもの生活環境の質が変化してきています。その結果、生物学的に親となり得る年齢（思春期）と社会的に成人と呼ぶことのできる精神発達上の年齢の乖離が大きくなってきており、新たな子どもの心理的問題の要因になっていることを付け加えておきたいと思います。

● **心的装置の発達**

　フロイトは、初期には、心は、意識（conscious）、前意識（preconscious）、無意識（unconscious）の３つの領域からなると考え、とくに無意識の働きを重視しました。この３領域が相互に関連し合いながら心は機能すると考えたのです。その後、1920年ごろより、心はエス（id イド）、自我（ego）、超自我（superego）の３領域からなるという局所論を発表し、この３つの相互の力動的な関係から、パーソナリティを考えています。

　最初に心的装置の発達としては、イドの誕生に始まります。すなわち、出生時にはイドのみから成り立つと考えていました。イドは無意識にあり、欲動の源です。イドは快感原則に支配されており、快感を求め不快を避けようとします。誕生当初の母親がつきっきりで、快を与えてくれる（例、泣けば授乳してもらったり、おむつを替えてもらえるなど）環境である場合にはよいのですが、次第に快体験ばかりではなく、不快な体験を感じ始めます（泣いてもすぐに授乳してもらえないなど）。その頃から（生後半年〜８か月ごろから）イドは自我に分化し始め３歳ごろまでには自我は十分機能する領域として発達します。つまり自我は、知覚、記憶、判断などに

よって環境を理解し、また環境に働きかけるという運動の機能によって、イドの充足をもたらすよう働くことになるのです。

しかし、次第に自我はイドの充足を満たすための機能だけではなく、イドの快感にそった欲求を禁止し、イドを支配するようになります。すなわち自我はより現実的、合理的にイドの欲求を満足させたり、コントロールしたりできるようになるのです。これが現実原則と呼ばれるものです。自我はイドの欲動を阻止し、不安や心理的危機状況を回避するために、防衛機制を働かせます。それによって、心理的な安定を保つことになります。

また超自我は、エディプス・コンプレックスを克服する過程で生じるとされます。すなわち、5、6歳ごろから分化し始め、11歳ごろに確立されます。いわゆる良心の座とも言われ、道徳的な禁止、社会的規範などが内在化されたものです。

このイド、自我、超自我の3領域の力動的な関係によって各自のパーソナリティや心理的な健康は決まると考えられています。

2 心のSOS

① 二次障害

● 二次障害とは

　筆者の所属する大学の心理相談室には、不登校、友人とトラブルになりやすい、学校生活に適応するのが難しいなどの問題を抱えて来談する子どもたちが大勢います。その中の一部は、発達障害と医療場面で診断を受けていたり、基礎には発達障害圏（DSM-5には発達障害という名称はありませんが、本節では従来の名称として発達障害圏とします）の特性があるのでは、と考えられる子どもたちです。しかし彼らが、日々の学校生活の中で直面しているのは、発達障害特有の悩みというよりも、そこから派生していると考えられる生活上の困難さであることがしばしば見受けられます。

　一般に、発達障害圏の子どもは、対人関係やコミュニケーションの困難さのために学校場面で失敗や挫折を体験することが多いと思われます。その結果、教師や他児からの叱責や非難を受けることになり、それが自信喪失、劣等感や被害的感情などを引き起こすことになるのです。そうした状態が継続することによって、不登校、ひきこもり、うつ病や非行などを呈する状態を二次障害と呼んでいます。

　こうした二次障害の芽生えは、小学校低学年から中学年に始まる

ことが多いとされています。この時期は本児の孤立や他児との言動の違いなどがからかいの対象になりやすく、挫折体験も増える時期です。そのため自己評価は低下し、対人関係では他児を信じることができない、という不信感が形成されていくことになります。中学生になるとこうした傾向は一層顕著になり、学級での孤立、いじめや疎外感などから不登校、ひきこもりやうつ状態、中には反応性の幻覚・妄想状態に陥る子どももいます（内在化問題）。また発達障害圏の特性として攻撃性や衝動性から自傷・他害行為や深刻な場合にはときには反社会行為に向かうこともあるとされています（外在化問題）。

　このような二次障害としての情緒、行動面の反応や症状は、むしろ通常学級に在籍する子どもたちに生じやすいといわれています。小学校の通常学級に在籍する発達障害圏と考えられる児童は、文科省の報告では 6.3% と決して少ない人数ではありません（文部科学省ホームページ参照。http://www.mext.go.jp/a_menu/shotou/tokubetu/material/1328729.htm）。こうした子どもたちは、特別支援学級のように少人数の個別的指導を受けることが難しく、担任や他児とのかかわりも乏しくなりがちで、したがって学級内での達成体験や成功体験も乏しいものになります。

　図 1-1 に学校場面を例として二次障害の経過を示しました。こうした状態が長期にわたることは、その後の人生全般において不適応を生じる可能性も高くなります。田中（2012）は、注意欠如・多動症（注意欠如・多動性障害、ADHD）の子どもを例として、各発達時期の問題が以下のように変化すると指摘しています。

　乳幼児期：ADHD の基本症状である多動・衝動性、集中力欠如
　学童期：周囲からの叱責、失敗体験、回避性としての攻撃性・うつ症状

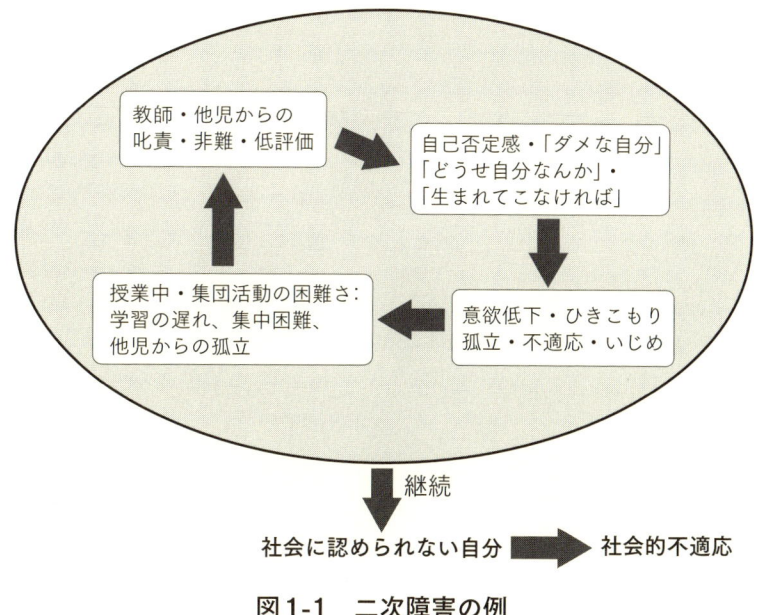

図1-1　二次障害の例

　思春期：自己評価の低下、対人関係の躓き、孤立
　青年期：抑うつ、無気力、対人不信、不安
　成人：生活の生きづらさ
　つまり、成長するにしたがって、発達障害から生活障害へと変化していくのです。
　したがって、とくに発達障害圏内である子どもの場合には、こうした二次障害の状態に陥ることのないような予防的なかかわりや介入が重要になるといえます。

● 二次障害の子どもの自己イメージ

　自己理解の側面については次項で詳細に述べますが、ここでも少し触れておきます。発達障害圏内の子どもの中には、幼少のころよ

```
●私は友だちと……      あまり遊ばない
●私は友だちから……    何ももらわない
●友だちはもっと私に…… 普通に接してほしい
●私は先生と……        あまりかかわらない
●先生がもっと私に……  優しくしてほしい
```

図1-2　文章完成法（一部抜粋）

り、他児との違いや自分だけができない体験から否定的な自己イメージを抱くことも決して少なくありません。筆者の体験では、幼稚園の年中時に、集団活動や工作の時間ごとに「私はできないから」とつぶやく発達障害圏の園児がいました。また授業中の飛び出しが多く、集団活動には参加できないため、担任が「問題児」として対応に困っていた小学校低学年男児の口癖は「どうせ僕はダメだから」「どうせ僕なんか……」でした。10歳にも満たないにもかかわらず、人生を投げてしまったかのような言葉が口癖だったのです。

　また自閉スペクトラム症（自閉症・アスペルガー障害など、ASD）と診断された中学生男児は、文章完成法（短い刺激語のあとに続く文章を記入する心理検査）において図1-2のように記載していました。学校生活での孤立の様子がうかがわれます。

　また大矢ら（2014）は、中学生を対象として自己イメージを問う自由記述式のイメージ連想法を実施した結果、担任から「気になる生徒」と評価された中学生における自己イメージは、否定的で無気力な記述が目立ったことを報告しています。

　学校場面において、教師が気になる子どもや、友人関係でつまずいたり、学校生活全般に不適応を生じている子どもたちの自己イメージも、否定的で低い自己評価や自尊感情を反映したものが多いこと、そしてそれが二次障害の結果、引き起こされている場合もあ

ることを周囲の大人は理解しておくことが大切です。

● 二次障害としてのいじめられ、非行などの問題行動

　二次障害としてとくに学校で問題となるものに、いじめをめぐる加害と被害があります。ADHDのように衝動性の高い子どもについては、他児とのささいなトラブルを起こしがちです。たとえば、思った通りに相手が動いてくれないという理由で言い合いになったり、カッとして衝動的に蹴ったり、殴ったり、あるいは相手の文房具などを投げつけたり、といった行動に走りやすいといわれています。その結果、手を出したことが相手に対する暴力やいじめとして捉えられ、教師から叱責されることになるのです。こうした場合、その場を離れさせて十分落ち着いてから、なぜそのような行動に走ったのかを本人に尋ねると、本人なりの正当な理由が返ってくることが多いものです。

　また、相手に不愉快なことを躊躇せずに言ってしまったために級友から嫌われて、いじめの対象となったり、ことばづかいが奇妙であったり大人びていることなどをからかわれることもしばしば見かけます。発達障害の特性からくる他児と異なる対人関係の持ち方が、いじめられやからかいの発端となって、それ以降は、クラスでの孤立へとつながることになります。一方、本人はなぜそのような状況になるのかが理解できず、いじめられる、からかわれる、孤立するなどの現象のみが本人を傷つけることになります。

　また、教師から非行としてとらえられる問題では、たとえば刃物を学校へ持参して他児に向ける、小動物を虐待する、などがあります。このような場合その現象のみをとらえて、学校では大騒ぎになることが多いものですが、一方で、本児はそれなりの理由を語り、なるほどと思わせることもあります。本児に対する第一の対応とし

ては、本児なりの理由や気持ちを聴くことも大切です。

● **二次障害の早期発見と支援**

　前述したように、発達障害圏の子どもは、大人が考えるよりも相当に早い時期から、他の子どもとは何か違う自分、他の子どもが上手にできることが自分には上手にできない、ということに気づいています。そうした自信のない状態で小学校へ入学し、さまざまな場面で失敗体験、叱責体験や非難体験を繰り返し重ね、中学校でもそうした状態が継続すると、子どもの心は相当に傷つき、否定的な自己イメージができあがってしまうといっても過言ではありません。

　このような否定的な体験を重ねることがないように、周囲が理解し支援していくことが何よりも重要といえます。ここで筆者らが二次障害の早期にかかわった発達障害圏の男児の事例を紹介します（飯田・松本 2011）。

事　例

　小学校2年生のアキト君。幼稚園までは一人遊びが多く集団活動には参加しませんでした。小学校入学早々から、他児とのケンカが多発し、そのたびに教室から廊下に飛び出してしまうことがありました。2年生になっても、授業中に離席し、床に寝そべって好きな本を読むことが多く、給食や掃除当番など集団活動にはまったく参加できない状況でした。成績は中くらいですが、音楽の授業中は大きな楽器の音がすると教室外に飛び出すことが多く、テストの点が悪いと破り捨てて泣く、自分の思い通りにならないと飛び出したり大泣きするなどの行動が目立ちました。

● かかわりの経過

　2年生の1学期末に、アキト君の対応に困った学校から依頼を受け、臨床心理学専攻の女子大学院生が個別支援者としてかかわることになりました。筆者は共同支援者として学校と両親との面接を担当しました。個別支援期間は2年生2学期から3年生3学期修了まで、毎週同一曜日に終日の個別支援を実施しました。以下、4期に分けてアキト君の学校での様子と自己イメージの変化を中心に報告します。

◆ I期（2年生2学期）

　当初のアキト君の口癖は「僕下手だもん」「どうせ先生は当ててくれないから」「どうせ無理だから」でした。間違えたり、字が思い通りに書けないとすぐにプリントを破って泣く、教室外に飛び出すなどの行動が頻繁にありました。個別支援前は、飛び出すたびに校長先生など手の空いている教師が追いかけて、教室に戻していました。

　そこで、個別支援として、まずはアキト君と院生との信頼関係を築くことを心がけ、飛び出したら一緒に外に出て、落ち着いたところで気持ちを聴くことにしました。またできない課題には一緒に取り組むようにしました。

◆ II期（2年生3学期）

　院生との個別のかかわりによって次第に飛び出しも減り、少しずつ着席時間も増えて課題に取り組むことができるようになっていきました。このころアキト君は、「最近、あきらめるのは半分くらいだね」と語るようになっていました。また他児とのかかわりの機会

を院生が仲介して増やしていった結果、掃除の練習もできるようになってきました。一方、他児とのかかわりが増えてきた分、トラブルも増えたため、院生と一緒にイラストつきで「どいてほしいときは」→「どいてくださいと言います」、「教室から出たくなったときの方法」→「先生に○○へ行きます、と言ってから出ます」など1つひとつの対応をカードにして作成しました。アキト君はこれに自分で「アキト辞典」と書いた表紙をつけました。その結果、それまではトラブルになっていた場面で常識的な対応ができるようになっていきました。

◆ Ⅲ期（3年生1学期〜2学期）

　進級によってクラスと担任が変わり、しばらくは落ち着かない状態でしたが、担任にアキト君の特性を説明し理解してもらった結果、落ち着いてきました。他児とのかかわりも増えてきましたが、アキト辞典のおかげでトラブルになる前に「お願い、席譲って」など言葉で対応できるようになってきました。このころ、アキト君は「最近はあきらめないよ」と語ったり、「僕、初めてできたよ！」と得意気に、図工の作品を担任や他児に見せるなどの様子が見られるようになっていました。

　しかし、一方で、院生に「僕は自分がいいのかダメなのかわからない」と悩みを語ることもありました。

◆ Ⅳ期（3年生3学期）

　アキト君は院生の個別支援が3年生で終了することを意識して、「自分でやる練習！」と言って、一人で課題をこなしたり行動するようになっていました。この頃には、教室を飛び出すこともなく、集団活動にも参加し、他児からは「迷路作り名人」として一目置かれ

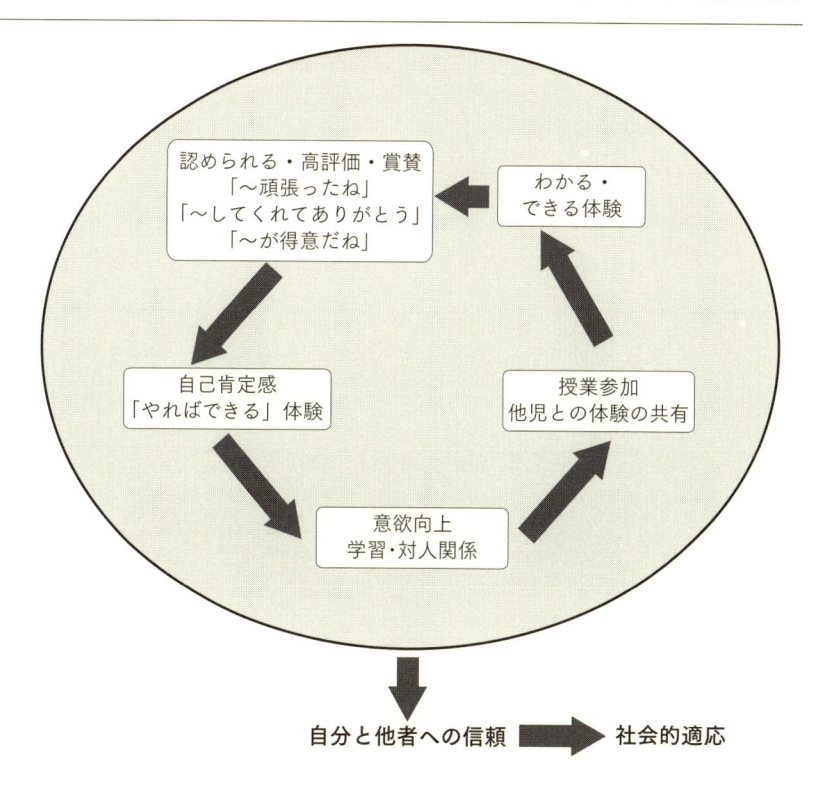

```
          認められる・高評価・賞賛
          「～頑張ったね」                  わかる・
          「～してくれてありがとう」        できる体験
          「～が得意だね」

              ↓                              ↑
          自己肯定感                     授業参加
         「やればできる」体験            他児との体験の共有

                  ↓                    ↑
                    意欲向上
                    学習・対人関係
                         ↓
```

自分と他者への信頼　　➡　　社会的適応

図1-3　二次障害の改善過程

る存在になり、学校生活にすっかり溶け込んだ様子でした。

　両親は「2年生の1学期までは、毎日のように学校からトラブルの電話があり途方に暮れていたが、今では本人も喜んで登校するし、親としても安心して送り出せるようになりました」と語られました。

　本事例は、二次障害に陥る過程を歩みかけていたアキト君に対する早期の個別支援によって、「できる自分」の体験を重ね、「他者との信頼関係」を築くことができた結果、健康な成長発達の過程へと回復した事例といえます。このように比較的、短期間のかかわりで回復していった背景には、アキト君への個別支援が小学校低学年と

早期であったことが大きいと思われます。図1-1で示した二次障害の過程から早期の支援によって図1-3に示した回復の過程へと変化した結果、アキト君のこれからの人生は大きく変わることになりました。しかし、一方で、アキト君はⅢ期において「自分がいいのかダメなのかわからない」と語っています。この言葉は、発達障害圏にある子どもたちは、他児と何か違う自分を意識しながら生きていることを如実に物語るものです。周囲の大人や他児からは「困った行動」「気になる行動」ゆえに否定的な評価をされることが多いのですが、実は、自らも内面に葛藤を抱えて「どこかみんなと違う自分」を生きていることを理解することが重要です。

そして、そうした発達障害圏の子どもたちの二次障害を予防するためのかかわりとして、以下の3点を大切なこととして、あげておきたいと思います。

1）子どもの個性を尊重すること

すべてを「障害」としてとらえるのではなく、個性でとらえる視点も大切です。そして「今、ここで困っていること、解決すべきこと」は何か、子ども自身が困っていることは何か、を考えることが大切です。

2）子どもの人間としての成長・発達を援助する視点

すべての子どもは成長、発達する存在です。発達障害圏の子どもも当然のことながら、発達し成長する力を秘めています。そうした子どもの潜在する力を信頼することが重要です。そして、肯定的な自己イメージを育て、できる自分を自らが信頼できるようなかかわりが重要です。「まだできるようにならないの！」ではなく、「できるようになったこと（できること）」をほめること、認めることが

大切です。

3）信頼できる人間関係の体験

　二次障害を呈している子どもたちは、他者との信頼関係の体験が乏しいことが多いものです。まずは、信頼できる人と人との関係の体験を積み重ねることも何よりも大切なことです。

　発達障害圏の子どもたちは、その特性による他児とは異なる行動や言動に周囲から着目されがちです。それに対する支援もその行動に焦点づけられることが多いといえますが、本節で述べたような、情緒的な側面や自己像の形成という側面にも気を配り、二次障害を予防することはとても大切なことです。できるだけ早期から、子どもの生涯を見据えた支援を行うことが、子どものより良い人生につながるといえます。

文献

飯田愛・松本真理子（2011）「通常学級において個別支援を行った発達障害児の事例――自己意識の変化と支援のあり方の検討」『児童青年精神医学とその近接領域』52（1），45-59

大矢優花・松本真理子（2014）「気になる児童生徒の自己イメージ――イメージ連想法（IAM）を用いて」第16回日本学校心理学会

田中康雄編（2011）『発達障害は生きづらさをつくりだすのか』金子書房

② 自己理解の発達と問題

● 自己理解とは？

　私たちが適応的に行動できるようになっていくためには、自分の特徴や、自分の得意なこと、苦手なことを知り、うまく自分と付き合っていくことが何よりも大事になっていきます。

　生まれたばかりのときは、"自分"という意識ははっきりと持てていませんが、成長するにつれて、"自分"というものを意識するようになっていきます（表1-2）。自分と他人とは違うということを認識しはじめ、親や友人、教師といった周囲の人とのかかわりの中から、自分に対してのイメージを築いていき、さまざまな体験と重なり合うことで、自分がどういう特徴を持っているのかということをつかんでいくようになっていきます。

　自己に対するイメージの形成は自己理解と呼ばれます。子どもに、自分について記述をしてもらうと、小さい頃は、学年や所属しているところ、身体的な特徴や、自分がやっている活動、持っているもの、好きなものなど周辺的なことを記述することが多いのですが、年齢が上がってくるとともに自分がどういった特徴を持っていて、どういう癖があり、どんな思い（信念）を持っているのかといった心理的な特徴を含んだ記述が増えていくと指摘されています。つまり外見的で、目で見てわかるような特徴を中心とした理解から、外からは見えにくい自分の考え方や感じ方などの特徴を中心とした理解へと移行していきます（佐久間ら，2000）。

　また、幼児期は自分が○○できるといった肯定的な側面だけを表現する傾向があります。年齢が高くなってくると、○○は苦手など

表1-2　自己意識の発達のプロセス成熟期

	乳幼児期（0-5歳）　家族⇒集団へ	
2歳ごろ	「イヤ・イヤ期」	・"自分"というものがはっきり出てくるようになる
3歳ごろ	第一次反抗期	・否定や反抗の行動が多くなる
4歳ごろ		・自他を区別できるようになり、自己主張に発展
5歳ごろ	心の理論通過	・自分とは違う相手の視点を理解できるようになる
	児童期（6-12歳）　集団⇒仲間関係へ	
6歳ごろ	表面的な特徴が影響	・周りの評価が自分の評価
9歳ごろ	自我意識の芽生え	・自分を客観的にとらえることができるようになる ・友人と自分の差異に着目
12歳ごろ〜	第二次反抗期	・親から友達へ価値基準の転換 ・他者と異なる存在として自分を意識 ・自分の内面に目を向けるようになる

　自分の否定的側面も描出できるようになり、小学校中・高学年へとすすんでくると、他の人と自分を比べ、「○○ちゃんに比べて○○」など、周囲との比較を客観的に行い、自分をとらえるようになっていきます。一方で、そのことには、「親には○○と言われる」といった周りからの一定の評価やフィードバックが影響を与えています。しかし、思春期を迎えるころには、自分自身の内面により目を向けるようになり、自分の肯定的側面と否定的側面の両方から自分をとらえ始め、「○○だから○○」と、人とのかかわりの中での意味づけを自分なりにするようになっていきます。
　社会生活をおくっていく上で自分自身を理解し、他者とのかかわりの中で自らを位置付けることは誰にとっても非常に大事な課題で

す。自分をさまざまな観点からとらえ、長所・短所を知ること、自分の強みを生かして、弱みをカバーする補い方を知ること、周りにいる人の存在や他者の視点を知っていくことは、適応的に生活していくためには欠かせないものです。とくに、小学校中・高学年は、人とのかかわりの中でより自分を意識するようになってくる時期となります。"自分を知ること"で自分とうまく付き合っていく土台を作っていくということが必要となっていきます。

● 自己理解の発達に影響を及ぼすもの

そうした自己理解の発達のプロセスには、どのようなことがかかわっているのでしょうか。自分に向ける意識は、「自己意識」と呼ばれ、自己の内面や感情や気分などに注意を向ける「私的自己意識（private self-consciousness）」と、自己の外面（服装や髪型）や他者に対する言動などに注意を向ける「公的自己意識（public self-consciousness）」の主に2つでとらえることができるといわれています（Fenigstein, Scheier & Buss, 1975）。どちらも自己に対して注意を向けるという点では同じですが、注意を向けるのが自己の内面かそれとも外面かという点が異なります。私的自己意識は、自分を客観的にとらえることができることを土台にしており、自己理解を正確に行うことができ、私的自己意識が高い人は、まわりと同調することが少ないといわれています。一方で、公的自己意識は、まわりに意識が向きやすいために、社会的不安や対人不安につながることが報告されています（伊藤・丹野, 2003）。つまり、自分の内面や感情、気分などに目を向け自分を客観的にとらえられるように支えていくことは、子どもの自己理解のプロセスを支え、より適応的な発達を支えることにつながっていきます。

自分に意識を向けられるように支えるには、肯定的なフィード

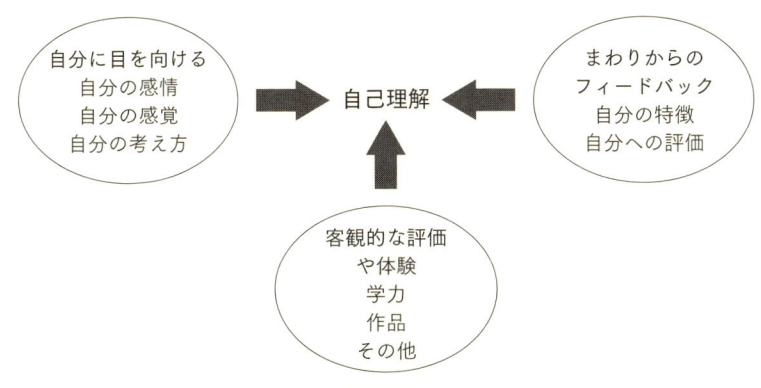

```
┌─────────────┐                    ┌─────────────┐
│自分に目を向ける│                    │まわりからの   │
│  自分の感情  │  ➡  自己理解  ⬅  │ フィードバック │
│  自分の感覚  │                    │  自分の特徴  │
│ 自分の考え方 │                    │ 自分への評価 │
└─────────────┘          ⬆        └─────────────┘
                  ┌─────────────┐
                  │ 客観的な評価 │
                  │  や体験     │
                  │   学力      │
                  │   作品      │
                  │  その他     │
                  └─────────────┘
```

図1-4　自己理解を促していくもの

バックをふくめて、子どもたちが自分やまわりを意識できるように声をかけていくこと、うまくいくことばかりではなく、失敗したりうまくいかない体験や、感情を大きく揺さぶられるような体験を積み重ね、そのことについて一緒に振り返っていくかかわりが大事となっていきます（図1-4）。しかし、自分ということに意識を向けたり、まわりとの違いを意識したりする発達のプロセスには個人差が存在します。

● **自己理解が難しい子どもたち**

　多くの子どもたちは、自分を意識し、まわりと比べながら、自分というものをつかんでいきますが、自分の内面に意識が向きにくかったり、他者からどうみられているのかということが認識しにくい子どもたちも存在します。とくに、コミュニケーションや社会性の発達の困難さのある子どもたちは、友達とうまくかかわることができなかったり、自分の気持ちや考えを上手に表現できないことで、人とのかかわりの中で自分を理解していくことのできる体験が少なくなりがちです。そのため、必要以上に自信をなくしてしまうこと

も少なくないといわれています（別府, 2010）。

　また、子どもたちの中には、自分が何を感じていて、何が自分の中に起こっているのかわかっていないことも少なくありません。たとえば、大人は、自分がだんだんイライラしてきているということが自覚できると、その原因となっていることから物理的な距離をとったり、自分がリラックスできる好きなものをうまく活用するなどして、自分を落ち着かせることができます。また、自分はこんなことにはイライラしやすいということを自覚していることで、できるだけそういった状況を作らないようにするという対処も取っているでしょう。しかし、子どもたちは、自分がうれしいのか、怒っているのか、また自分が緊張や不安を感じているのかどうかということがうまくつかめないために、感情がうまくコントロールできないことがあります。また自分が好きなこと、得意なことがわからないために、ネガティブな感情がわいたときに自分がうれしくなったり、緊張が和らいだりすることが活用できず、うまく自分の気持ちを落ち着かせることができなかったりすることがあります。自己理解を促していくことは、自分の特性を知り、自分とうまく付き合う力をつけていくために大事な支援となっていくのです。

● **自己理解をうながす支援の試み**

　自分というものに意識を向けられるような小集団でのワークショップなどの試みも有効です（図1-5）。ワークブック（第3章を参照してください）などを使いながら、自分について振り返り、それを誰かと共有したり、説明したりするプロセスは、自分に対して意識を向けさせる機会になるとともに、自分を誰かに伝え、それを受け止めてもらう体験にもつながっていきます。また、他の人の書いた内容を聞くことで、自分の書いた内容と照らし合わせることに

回	テーマ	ねらい
1	自己紹介	自分を紹介する。お互いのことを知る
2	いい気持ち・嫌な気持ち	いい気持ちと嫌な気持ちについて自分の体験とつなげて考える
3	自分が頑張っていること	自分が頑張っているところやいいところについて考える
4	好き・嫌い・得意・苦手	自分の好き・嫌い・得意・苦手について考える
5	助けてもらえること・助けてあげられること	困ったときには助けてもらえること、自分も誰かを助けてあげていることを知る
6	あなたの周りにいる人たち	周りにはどんな人たちがいるか考えてみる、みんなちがってみんないいことを知る
7	周りからみた自分	自分が思う自分と人からみた自分は違うことを知る
8	振り返りまとめ	これまで考えてきたことを振り返る

図1-5　小学校高学年用の自己理解プログラムの概要

より、周りと比較して、自分を客観的に見つめる機会になります。

どんなふうに自己理解を進めていけばいいのか、我々が作成した「自己理解プログラム」（永田監修，田倉・吉橋著，2012）を元にした具体的な指導例を第3章で取りあげました。参照していただければと思います。

文献

別府哲（2010）「発達障害児者の自己理解と支援」『小児の精神と神経』50（2）、155-157

Fenigstein, A, Scheier, MF, Buss, AH. (1975) "Public and private self-consciousness : Assessment and theory". *Journal of Consulting and Clinical Psychology*, 43 522-527

Harter, S, Pike, R.（1984）"The pictorial scale of perceived competence and social acceptance for young children". *Child development*, 55, 1969-1982

伊藤由美・丹野義彦（2003）「対人不安についての素因ストレスモデルの検証：公的自己意識は対人不安の発生にどう関与するのか」『パーソナリティー研究』12、32-33

永田雅子・吉橋由香・田倉さやか（2011）「自閉症スペクトラムの子どもを対象とした自己理解プログラムの開発——地域の子育て支援事業の中に位置づけた取り組みとして」『名古屋大学平成23年度地域貢献特別支援事業報告書』、86-89

永田雅子監修、田倉さやか・吉橋由香（2012）『「自分について考える」プログラムワークブック——子ども用』NPO法人子育て支援を考える会TOKO TOKO

佐久間（保崎）路子・遠藤利彦・無藤隆（2000）「幼児期・児童期における自己理解の発達　内容的側面と評価的側面に着目して」『発達心理学研究』1(3)、176-187

滝吉美知香・田中真理（2011）「思春期・青年期の広汎性発達障害者における自己理解」『発達心理学研究』22、215-227

第2章 SOSへの支援

　ここでは、二次障害と考えられる悩みやつまずきにはどのようなものがあるのかを理解し、そしてその背景とかかわりや支援の方法を具体的に考えます。1節では情緒、2節では行動、3節では対人関係、4節では身体症状、習癖、性の問題などについて、具体的な場面や事例にそって述べていきます。

　なお、本章の事例は架空ですが、診断名にあえて旧診断名（DSM-Ⅳ）のまま記載している箇所があることをお断りしておきます。

1 情緒の支援

① 無気力・やる気がでない

事例

　ハルカさんは、幼い頃からおとなしく目立たない子で、保育園でも先生の手をわずらわせるような問題は起こさない子でした。小学校に入学してからは、登校前に「体育がイヤ」「算数がわからなくなったらどうしよう」などと訴えることがありましたが、母親がその都度なだめて背中を押すと家を出ることができ、学校からとくに連絡が入ることもありませんでした。ときどき皆から行動が遅れることはあるものの、まわりの様子を見ながら何とかついていっていたようです。また、ハルカさんは自分から友達に話しかけていくほうではありませんでしたが、同じようにほんわかした雰囲気の友達と一緒にいることで安心して過ごしていたようでした。

　しかし、4年生に進級した際、それまで一緒に過ごしていた友達とクラスが離れてしまいました。ハルカさんは戸惑いましたが、それでも新しい友達を作ろうと、ときどき女の子グループの会話に加わってみようとしました。しかし、女の子たちの話題はテンポが速く、ハルカさんには知らないことばかりのように聞こえてなかなかついていけません。休み時間、ハルカさ

んはひとりで絵を描いたり読書をしたりすることが増えていきました。形を変えながら続いていた登校前の訴えに加えて、帰宅後には「学校が疲れる」とも訴えるようになりましたが、心配した母親が詳しく聞き出そうとしても状況がうまくつかめないことが続きました。

　あるとき、校外学習のグループ決めでハルカさんはひとり取り残されてしまいました。担任の先生の配慮もあってグループは決まったものの、ハルカさんの頭の中は、「私はみんなとは違っているかもしれない……」「何をやってもダメだ……」という不安でいっぱいになってしまいました。校外学習には何とか参加できましたが、それ以後、ハルカさんは次第に学校を休みがちになりました。

問題の背景

● **見通しが持てないことによる不安が強い**

　保育園・幼稚園から小学校へ入学すると、子どもたちは、新しい校舎、先生や友達に囲まれながら、馴染みのない学校の規則に慣れ

ていくことを求められます。こうした体験は、どの子にとっても多かれ少なかれ不安を伴うものですが、とくにハルカさんのような発達に偏りのあるタイプの子どもたちには、その日に学校では何が起こるのか、何かが起こったときにはどう対処すればよいのか、といったことへのイメージを持ちづらいという特徴があります。そのため、見通しを立てられずに不安が喚起されやすくなるのです。不安な気持ちが絶えず続くと、心のみならず身体にも疲労がたまってしまいます。

● **さまざまなことに自信を持ちづらくなった**

　ハルカさんのようなタイプの子どもたちは、さまざまな苦手さや生きづらさを抱えながら生活しています。小学校低学年ごろまでは、それでも何とか周囲についていきますが、中学年以降、他者の意図や感情をある程度理解できるようになってくると、自分が周囲とは何か違うということにも気づくようになります。その中で、"できない自分"に焦点が当たると、ますます自信がなくなり、孤立感も深まってしまうのです。

● **教室の中に居場所を見つけることが難しくなった**

　思春期に入ると、それまで基盤となっていた親子関係のみならず、友人関係にも意識が向き、友達グループの結束が強まっていきます。そのような時期において、一見話を聞いていないように見えたり、ピントの外れた会話をしていたり、自分の趣味に没頭していたりする子どもたちは、周囲から"変わった子"とみなされ、仲間外れにされるリスクも強まります。一方で、グループに合わせなければならないという意識が強すぎたり、グループに入れないことを気にしすぎたりして疲れてしまうという場合も見られます。本当は友達と

かかわりたいのにうまくいかないことが繰り返されると、無力感が強まり、教室の中で安心して過ごすことも難しくなってしまいます。

> ## 支援の方法

● 見通しが持ちにくく不安になる場合の支援の方法

　学校の活動に対する見通しが持ちにくいために不安が大きくなり、登校をしぶるような兆候が見られる場合には、次の日の予定を親子で一緒に確認し、不安な部分があればその対処方法を考えておくとよいでしょう。また、日直のスピーチなど、いつもとは異なる活動に対する不安が強い場合には、担任の先生にお願いして事前に連絡を入れてもらい、あらかじめ家庭の中でリハーサルしておくのも効果的です。場合によっては、活動内容をおきかえてもらったり、課題のハードルを下げてもらったりするのもよいかもしれません。

● 自信のなさに対する支援の方法

　何かがうまくいかなかったり失敗したりしたときに、"できない"自分を意識してしまうと、不安が募り、ますます自信がなくなったり孤立感が強まったりしてしまいます。そのようなときにはとくに、自分のよい面をみつめ、自分に対して肯定的になることが大切になってきます。ただし、ハルカさんのように発達の偏りのある子どもたちは、これまでの失敗経験から、「何をやってもダメだ」という無力感を募らせていることも少なくはありません。子どもが自分で自分のよさに気づきにくい場合は、身近にいる大人がその子のよいところに焦点をあて、長所を活かすような働きかけをすることが求められます。たとえば、家庭においても学校においてもその子に

合った役割を与えることで、自信が回復しさまざまなことに取り組む意欲が出てくるという場合もあります。

● 居場所を作るための支援の方法

　ハルカさんのように発達に偏りのある子どもたちにとって、友達グループの中でうまく関係を維持していくのはなかなか難しいことです。グループの中で過ごすことが絶対という価値観を見直し、一緒にいて安心できる友達を見つけて無理のない範囲で付き合っていけるよう、家庭や学校がサポートしていくことが望まれます。また、たとえば仲間に入るときの声のかけ方や無理な誘いを受けたときの断り方など、友達づきあいを円滑にする上での方法を折りに触れて確認し身につけていくことも大切です。

　さらに、発達に偏りのある子どもたちは、いじめのターゲットになりやすいということが指摘されていますが、本人は周囲のからかいの意図を理解しきれず、いじめを受けていることに気づいていないという場合も見られます。体調不良や表情の暗さなど、いつもと違った様子が認められるときには、とくに注意して見守り、子どもたちの訴えに耳を傾けることが必要です。

　なお、教室復帰が難しい場合には、保健室や相談室などへの別室登校も視野に入れ、安心して過ごせる環境を確保することが求められます。また、地域の適応指導教室やフリースクールなどの資源に目を向けてみるのもよいでしょう。状況が変化しづらい場合には、親子で、または保護者のみでも専門機関を受診することを視野に入れる必要もあります。

② 不安・パニックになりやすい

　ここではまず、発達に偏りのある子どもの不安とパニックについて説明します。その後、不安・パニックの背景にあるものについて、その理解と支援の方法について述べます。

● 不安とは

　不安とは、どうしていいかわからず困ってしまったり、怖くなったりしたときに感じる気持ちです。人は、不安があることで警戒して立ち止まり、対処を考えることができます。そういう意味では、不安は人にとって大切な気持ちといえます。けれども、不安があまりにも大きかったり、長時間さらされたりすると、生活に支障をきたします。さらに、本人のキャパシティーを超えた不安は、次に説明するパニックにつながります。

● パニックとは

　パニックは何かしらの大きな精神的ストレスから生じます。あまりに強い不快感にさらされると、感情および行動の制御が不可能となり、"暴れる""騒ぐ""かたまる（フリーズする）"といった状態に陥ります。ときには激しい自傷行為や他人を傷つける行動が生じます。パニックは、動揺期・爆発期・回復期の3つの段階に分けられます。自閉スペクトラム症（自閉症・アスペルガー障害など、ASD）のある子どもに多くみられ、嫌いな感覚への暴露やフラッシュバック、急な予定変更といったイベントが引き金となります。

> 問題の背景

　まず、ASDの子どもによくみられる特性の中でも、不安・パニックとの関連が強い「感覚の過敏性」「フラッシュバック」「曖昧な状況に対処する力の弱さ」について述べます。その後発達の偏りがある子ども全般にみられる自信の喪失と被害的な他者イメージに伴う不安について説明します。

● **感覚の過敏性**

　感覚の過敏性とは、触角・聴覚・視覚・嗅覚といったさまざまな感覚が過度に敏感な状態を指します。たとえば、"エアタオルの音が怖い（聴覚過敏）""太陽の光が刺すように痛い（視覚過敏）"といった報告は、頻度の高いものでしょう。過敏性の問題がある子どもは、生まれながらに周囲から脅かされる恐怖にさらされています。登校時に他児が「おはよう！」ということばとともに自分に触れないか、とても恐れていたりします（触角過敏の問題）。

● **フラッシュバック**

　優れた記憶力があるゆえに、過去の恐ろしい体験が鮮明に刻まれてしまい、同じことが起きないかビクビクしている子どももいます。そうして、実際に類似した状況にさらされると、あたかも今まさに過去の恐ろしかった場面にいるかのような心境に陥ってしまいます。この現象をフラッシュバックといい、多くの場合

大きなパニックをともないます。

● 曖昧な状況に対処する力の弱さ

　曖昧な状況とは、つまり「予定が立っていない」「その場のルールがわからない」「絵や作文のように正解がなく自由度の高い課題」といったものを指します。こうした正解が何かはっきりとしない状況では、何をどうしていいかわからず、ただ不安に圧倒されているという状態におちいります。ASDのあるお子さんが明確なルールやスケジュール、正しい振る舞いに固執する（こだわる）のは、彼・彼女らなりの不安への対処方法といえるでしょう。

● 自信の喪失と被害的な他者イメージ

　さまざまな発達の凸凹（相手の気持ちを想像することの難しさ、不注意、衝動性が高い、学習上の苦手さなど）から、他者とのやりとりや学習課題で失敗を積み重ね、自信をなくしてしまう子どももいます。さらに、失敗に対して、過度な叱責を受け続けた子どもは、「きっとまわりは自分を責める」という他者への被害的なイメージを形作ってしまうこともあります。とくに、思春期になると、自意識が高まり、周囲の目が気になり始めます。彼・彼女らがよく言う「僕は馬鹿だから」「まわりは私をどう見ているんだろう」ということばには、自意識の芽生えにともなう不安の高まりがあると思われます。

支援の方法

● 不安・パニックのアセスメント

　不安・パニックの引き金となっているものが何かを理解することは、子どもの心の安全感を保つうえで重要です。また、パニックの3つの段階のうち、動揺期に本人がどのような行動をするのかを把握することは、爆発期を防ぐうえで必要なことです。動揺期特有の行動が見られた際には、後述する対処方法②～④などを用いて不安の程度を和らげます。動揺期の行動は個人で異なるので、丁寧な観察が必要です。

● どう対処すればよいか

対処方法①「環境調整」：不安・パニックの引き金となっている状況や刺激を特定し、本人にとって過ごしやすいものに作り替えます。たとえば、「うるせーなぁ」などのことばが引き金になっているときには、そのことばを言わないようにすることが挙げられます。

対処方法②「不安になる状況・刺激から離れる」：不安になる状況や刺激から距離を取るという対処は、シンプルかつ効果的な方法です。可能であれば、離れたのちにクールダウンをする場所を決めておいたり、すぐに移動でき、静かで落ち着ける場所があるとよいでしょう。

対処方法③「リラクセーション」：体をリラックスさせることで、不安を低減させることができます。呼吸法や漸進性筋弛緩法などは、簡便でどのような場面でも活用できるリラクセーションとして有効です。ただし、不器用さがあってこれらの方法に努力がいる場合には、別の対処を考えたほうがよいでしょう。

対処方法④「気分転換」：好きな活動をすることで気分を切り換えるのもよいでしょう。"好きな音楽を聞く""動画を見る""好きなグッズ（時計や車）のカタログを見る"といった活動は、簡単に取り組める対処法です。一方、"パズル"や"プラモデル"が好きな子どももいますが、これらは課題性があり、苛立ちを助長するリスクがあるので、活用には注意が必要です。また、上のような対処は、場面（たとえば学校）によっては許可されないこともあります。いくつかのバリエーションを用意し、いろいろな場面で利用できるようにしておくことが大切です（例：メモ帳に好きなアニメや野球チーム、芸能人の情報などをリストアップして持ち歩く）。

◆ 自分で対処する力を養う必要性

いくつかの対処方法を紹介しましたが、発達に偏りのある子ども、とくにASDの子どもは、自分の気持ちに気づくことが苦手です。そのため、せっかく学んだ対処方法を適切なタイミングで使えず、パニックに至ることが少なくありません。まず自分の気持ちの理解を育むことが必要です。「○○なときに不安になるみたいだね」と、状況と気持ちのつながりを伝えていくことが有用でしょう。そこからさらに、「○○で不安になったら□□するといいよ」といったことばで状況や気持ちに応じた対処方法を教えていくことをお勧めします。

◆ 自信を育む

自信を育むことで、心に余裕ができ、日常生活が安定します。支援のあり方については、うつ状態の節で詳述しましたので、ご参照ください。

> まとめ

　発達に偏りのある子どもは、さまざまな背景から強い不安にさらされがちです。とくにASDのお子さんは、生来の不安の高さがあり、過度のストレス下ではパニックに陥ります。特性に応じた環境の調整を行うこと、適切な対処方法の習得とその活用を支えることが必要でしょう。

③ 元気がでない・うつ状態

　ここではまず、うつ状態とはどういった状態を指すのかを説明し、その背景にあるものとその支援についてお話しします。

● うつ状態とは

　まず、うつ状態を2つに分けて考えてみましょう。1つは精神症状（気分の問題）です。もう1つは身体症状（身体の問題）です。それぞれ、表2-1に示すような例が挙げられます。

　子どもたちが、表の「　」に挙げたような内容を伝えてくれるかというと、そうではありません。とくに、発達に偏りのある子どもは、自分の好きなことはうまく話せても、自分の気持ちや体の調子にはとても鈍感です。そのため、表2-1に挙げたような症状についてまわりが気にかけ、具体的なことばで聞いてあげることが大切です。また、発達に偏りがある子の場合、気分の落ち込みよりも「落ち着きがなくイライラしている」というかたちで症状が出ることが多いようです。

表2-1　うつ状態の症状と具体的な内容

精神症状（気分の問題）	身体症状（身体の問題）
● 興味・関心がなくなる ・「なにをやっても楽しくない」 ・「前まで好きだったものが面白くなくなった」 ● 意欲・気力がなくなる ・「なにもやりたくない」 ・「やりたいのにやれない」 ● 頭が働かなくなる ・「なにも頭に入らない」 ・「考えがまとまらない」 ● 焦燥感 ・「なんだか落ち着かない」 ・「イライラする」	● 睡眠の問題 ・「夜なかなか寝れない（入眠困難）」 ・「夜中に目が覚める(中途覚醒)」 ・「朝起きることができない（起床困難）」 ● 食にまつわる問題 ・「食欲がない」 ・「便秘・下痢気味」 ・「おなかが痛い、吐きそう」 ● 体の倦怠感 ・「体がだるい」 ● 時間帯で調子が変わる（日内変動） ・「朝つらいが、学校が終わるころには楽になる」

問題の背景

　うつ状態の背景には、「心の傷つきにともなう自信のなさ」、そして自分への「ネガティブなイメージにのみ注意が集中してしまう傾向」があるものと考えられます。この2点に焦点を当て、子どもの特性と周囲のかかわりについて解説します。

● 心の傷つきにともなう自信の無さ

　ここでは自信を、"存在自体への自信"と"能力への自信"に分けることにします。前者は、"自分の存在そのものがまわりに受け入れられているという感覚"、後者は"自分には課題を解決する力があるという感覚"を指します。これらが脅かされると、「孤独感」と「無力感」が強くなり、やがてうつ状態に陥るものと考えられます。

● 孤独感――自分の思いが理解されない寂しさ

　発達に偏りのある子どもは、その特性ゆえに"孤独感（自分の思いがまわりに理解されない寂しさ）"が強くなりがちです。たとえばASDの特性をもつ子どもは、ルールやスケジュールへの"こだわり"から自分のやり方を貫こうとし、周囲と衝突することがあります。彼・彼女らは、思い通りにことが進まない苛立ちを、「まわりは自分の気持ちをわかってくれない！」ということばで表現します。このような思いは、注意欠如・多動性症（注意欠如・多動性障害、ADHD）の特性をもつ子、とくに衝動性の高いタイプにもみられます。自分のやりたいことを我慢することができず、要求よりも行動が先立ってしまい、それを止めるまわりも必死です。そうして制止される経験の積み重ね、「どうせ自分のやりたいことは聞い

てもらえない」という思いを募らせていきます。また、限局性学習症（学習障害、SLD）の特性をもつ子の多くは、過去に苦手さを「責められた」経験があり、「自分のつらさがわかってもらえない」という思いを少なからず抱いています。こうした「理解されない寂しさ」は、発達に偏りのあるタイプに多い体験といえます。

● 無力感──自分の力ではどうにもできない感覚

"無力感（自分の力ではどうにもできない感覚）"も、発達に偏りのあるタイプの子どもに色濃く見られます。たとえばSLDのお子さんは、学習能力の部分的で特異な苦手さがあり、それらを本人の努力のみで解決することは困難です。周囲が子どもの特性を理解し、その子に合ったペースと学習方法を探っていくことが必要です。そうした支援がない場合、子どもは自身の力ではどうにもできない状況の中で途方に暮れることになります。

また、ADHDのお子さんの場合、自身の行動のコントロールができず、失敗を繰り返すことになりがちです。統制を欠いた彼・彼女らの行動は、時に親や教師の感情を逆なでし、強い叱責を受けることとなります。けれども、子どもに悪意はないし、冷静になれば何が正しかったのか判断することもできます。ただ、魅力的な刺激を目の前にすると、自分を抑えることができなくなるのです。

一方、ASDのお子さんでは、とくに"一番"や"勝ち""成功"へのこだわりが強いタイプの場合に無力感が強くなりがちです。自身の取り組みに完璧さを求めるあまり、ちょっとのミスが許せず、「もうやらない」「どうせできないし」となってしまう傾向があります。その結果、不登校・ひきこもりとなっている事例も少なくありません。

● ネガティブなイメージにのみ注意が集中してしまう傾向

　上に述べたような"孤独感""無力感"からうつ状態に陥っている場合、人は自分のネガティブな面にばかり目が行きがちです。とくに、発達に偏りがある子どもは、物事を多面的に見ることが苦手で、それは自分自身の見方についても当てはまります。せっかくのポジティブな面は無視され、ネガティブな面ばかりが強調されてしまいます。そのため、少しの失敗やまわりの注意に敏感になり、「やっぱり自分はダメだ」「どうせ自分なんて」と、さらに自分で自分の気分を落とし込むといった悪循環に陥ってしまいます。

支援の方法

　上のような背景をもったうつ状態を呈する子どもへの支援について、以下の3点を紹介します。

● 自信を育む──良いところに関心を、苦手なところに寛容さを

　自信を育むには、良いところを認め、積極的にほめることが大切です。その際、"能力"だけではなく、"キャラクター"を認めていく姿勢が重要と考えます。子どものもっている「何気ない優しさ」や「素直さ」「明るさ」をほめることは、"存在自体への自信"を育むことにつながるでしょう。我々は、つい子どもの能力に目が行きがちです。学校でも、"手を挙げる"ことはほめられても、"おとなしく座っている"ことはほめられないでしょう。目立ちはしないけれども、キラリと光る子どものよいところを積極的に見つけ、認めていくことをお勧めします。また、よいところだけでなく、苦手なところにも目を向け、受け入れる姿勢を示すことも必要でしょう。

そうした姿勢は、"苦手さも含めて自分はまわりに認められている"という自信や安心感を育むことにつながると考えます。

● **ニーズを丁寧に聞き、適切な頼り方を教える**

　発達に偏りがある子どもの多くは、自身の思いをうまく伝えることが苦手です。適切な表現を適切なタイミングで使えるよう教えることが必要になります。そのためにはまず、どのようなニーズ（要求や困り感）があるのかを丁寧に聞き、共有することが大切です。そうして、「じゃあ、○○で困ったときには、『□□したいです』と言うといいよ」といった表現で、具体的に教えることをお勧めします。そうして、"他者に理解されているという安心感" と "自身で課題を解決できるという効力感" を育むことが大切です。

● **多面的に自分を見つめる練習をする**

　自分のネガティブな面にばかり目が行きがちな子どもには、多面的に自分を見つめる練習をすることが有効です。その際、図2-1のように、子どものもついろいろな面を視覚的に表し、確認すること

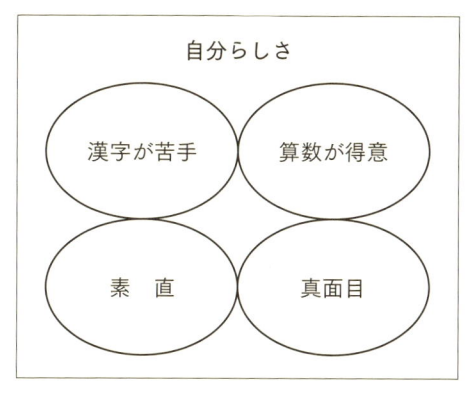

自分らしさ
- 漢字が苦手
- 算数が得意
- 素直
- 真面目

図2-1　多面的に自分を見つめる練習

が効果的でしょう。そして「あなたは、漢字は苦手なんだけれど、算数が得意で、素直で真面目なところもあるんだね」と共有することで、本当はあった自分のよいところを再発見することへとつながります。こうした発見はネガティブ一色だった気分に変化をもたらすことが期待されます。

まとめ

　発達の偏りがある子のうつ状態について、「自信のなさ」と「自分を多面的に見つめることの苦手さ」という視点から解説しました。子どもたちが自分のポジティブな面を再発見すること、周囲がネガティブな面を受け入れ、支えることが、子どもたちの自信を育み、うつ状態の緩和につながると考えます。

2 行動の支援

① こだわりが強い

「自分なりのこだわりがありますか？」と聞かれたら、あなたはどう答えますか？ 程度の差はあれ、誰でも一つや二つ、譲れないこだわりをもっているのではないでしょうか。こだわりをもつということは決してネガティブなことばかりではありません。好きなものを追求することに喜びや幸せを感じる人も多いでしょう。

一方で、特定のこだわりが強すぎるためにしなくてはいけない作業ができなくなったり、周囲の人とのコミュニケーションがうまくいかなくなる場合もあります。こだわりの強さが日常生活の困難に通じるとき、そのこだわりの背景を理解した上で対処を考えていく必要があります。ここでは、こだわりが強すぎるために日常生活に困難を生じる子どもについて述べます。

● "同じではないこと" に抵抗が強い子ども

慣れ親しんだ同じもので遊ぶことを好んだり、いつも同じ行動をすると安心するといったことは、多くの子どもに見られることです。たいていの子どもたちは、同じものを好む一方で新しく出会ったものにも興味を示し、それを受け入れ、自分の世界を広げていきます。しかし、なかには、新しいものや変更を目の当たりにした際に強い

抵抗を示したり、パニック状態に陥る子どもがいます。このように同じものややり方に強いこだわりを示す場合、ASD が背景にあることが疑われます。

　ASD は、①対人的コミュニケーションと相互作用の障害、②限局された反復的な行動や興味、活動（こだわり）を中核症状として示す発達障害です。こだわりは ASD の診断基準に位置付けられている基本的な症状であり、幼児期から成人に至るまで、ライフステージを通してさまざまなこだわり行動が見られます。たとえば、いつもと違う道を通ろうとすると泣いて嫌がる、日課や予定の変更を受け入れることができない、服や靴など身につけているものを変えたがらないなどが挙げられます。他にも、一度始めた遊びや活動などを切り上げることができない、初めての場所に行くことを嫌がる、見慣れない食べものは食べないなどのこだわりもよく見られます（白石, 2012）。また、とくに知的能力が高い ASD の小・中学生には、「テストは満点でなければならない」「決められた学校等のルールは必ず守らねばならない」といったような完ぺき主義的なこだわりを示す場合もあります（林ら, 2010）。これらのこだわりのために、周囲から「わがまま」「言うことをきかない子」と見られて

しまうことが多く、こだわりの強さが人へも向けられる（自分以外の人にも順序やルールなどを守るように強く求める等）場合、対人的なトラブルにも発展してしまうことが少なくありません。

　では、ASDのこだわり行動にはどのような意味があるのでしょうか。石川（2012）は、ASDの人々のこだわりとは、「過去の体験の中から本人が理解できているルール」であると指摘しています。たとえば学校に行く道順にこだわる子どもの場合、「この道を行けば学校に着く」ということを理解し、その理解が安心につながっています。そこに、学校への別の道順という新しい情報が入ってきたとき、まだ理解していない得体のしれない情報を前に混乱し、すでに理解している道順にこだわることで不安を落ち着けようとします。つまりASDの人々のこだわりには、外部からのさまざまな情報や刺激によって不安が高まったときに、すでに知っているやり方を繰り返すことで安心を得るという意味があるのだと考えられます。外部からの刺激には特定の音やにおいなども含まれますが、感覚過敏があるASDの子どもたちにも、自分のこだわりに没頭することで安定を保とうとする行動が多く見られます。

支援の方法

　次にASDのこだわりの対処について紹介します。ASDのこだわりはライフステージを通して常に見られるものであり、成長と共に内容も変化していきます。その時々で、問題となるこだわり行動がどのような内容でどの程度見られるのか、どんなときにこだわりが強くなるのかなど、丁寧にアセスメントすることで対処が考えやすくなります。対処方法は年齢やこだわりの内容によってさまざまですが、たとえば先ほど挙げた学校への道順のこだわりについて考

えると、保護者や好きな友達と一緒に新しい道を一度通ってみたら、「この道でも学校に着ける」とわかったために最初のこだわりが少なくなることが考えられます。つまり、経験することで理解を増やしていくと、わからなくて不安だった部分が解消され、こだわり行動が減ることが期待できます。また、「100点でなくてはダメ」といった考え方のこだわりについては、他にも考え方があることを認知的に理解するためのプログラムも実施されています（林ら，2010）。さらに、感覚過敏などでこだわり行動が強くなっている場合には、環境調整を行うことで不快な刺激を減らすことが有効だと思われます。

また、ASDの人々のこだわりにはプラスの側面もあります。たとえば提出物を出す、時間や約束、ルールを守る、係の仕事をきちんと行うなど真面目な姿として見られることもあるでしょう。さらに、こだわりを活かして趣味を楽しんだり、共通するこだわりをきっかけに友人関係を広げていける場合もあるかもしれません。こだわりをアセスメントする際には、こだわりのよい面も併せて見ていくことが大切です。

● **根拠のない不安からこだわり行動を繰り返す子ども**

本人もどうしてその行動にこだわるのか疑問に思いながらも、不安を打ち消すために決まった行動を繰り返す子どもがいます。たとえば板書をする際、間違えてもいないのに何度もノートの字を書き直す、何度も繰り返し手を洗うなどの行動を、本人がやめたいと思うのにやめることができず、やるべきことが進められないという場合には、強迫症（Obsessive-Compulsive Disorder：OCD）が背景にあることが考えられます。

強迫症は、強迫観念と強迫行為という2つの強迫症状によって定義される精神疾患です。強迫観念とは、自分の意志に反してある考

えや感情が繰り返し何度も何度も頭に浮かび、強い不安や苦痛を引き起こすものです。一方で強迫行為は、強迫観念に反応して駆り立てられる繰り返しの行動であるとされています。そしてこれらの強迫症状に苦しめられ日常生活や社会生活に困難が生じている場合に強迫症と診断されます。

強迫症状の具体的な例としては、汚れや菌に汚染されるのではないかという過剰な心配によって繰り返し手や体を洗う、何か恐ろしいことが起きるのではないかという恐怖が繰り返し思い浮かび、何度も戸締りなどを確認するといったことなどが挙げられます。これらの考えを自分でもばかばかしいと感じながらも、根拠のない不安を打ち消すために強迫行為を繰り返してしまいます。子どもの場合、たとえば親に確認作業を要求する等、周囲の人々を症状に巻き込む傾向があり、それに付き合わされるほうも疲弊してしまう場合が少なくありません。

● **強迫症の治療**

強迫症状は10歳頃より増加し、不登校や家庭内暴力、チックや抑うつなどの症状が併存しやすいことも指摘されています（本城, 2002）。強迫症状が増加する年齢を考えても、児童期・青年期に注意すべき精神疾患であるといえるでしょう。

強迫症の治療には、抗うつ薬を用いた薬物療法や、暴露反応妨害法を用いた認知行動療法が有効であるといわれています（小平, 2014）。暴露反応妨害法では、不安や心配などを引き起こす状況にあえて向き合い（暴露）、それまで不安や強迫観念を打ち消すために行っていた強迫行為をできるだけしないようにします（反応妨害）。それを繰り返すことで、恐れていた悪いことが起きないことを学習し、不安や不快感が次第に減っていくことを体験させます。

苦手なことにあえて向き合う治療法であるため、最初に強迫症やこの治療法についてしっかりと理解してもらう過程が重要となります（心理教育）。そして、何に対して不安や心配を感じるのか、その症状がどの程度生活に支障をきたしているかなどを具体的に話し合い（モニタリング）、取り組めそうな状況から少しずつ取り組んでいきます。この治療法を家族や学校だけで取り組むのは難しいため、子どものこだわり行動の背景に強迫症が疑われる場合は、まずは小児科や児童精神科など医療機関を受診することが重要です。

文献

林陽子・吉橋由香・田倉さやか・辻井正次（2010）「高機能広汎性発達障害児を対象とした完全主義対応プログラム作成の試み」『小児の精神と神経』50（4）、407-417

本城秀次（2002）「子どもの強迫症状について」『精神科』1、494-498

石川道子（2012）「自閉症スペクトラムのこだわり行動とその対応」『アスペハート』31、38-41

小平雅基（2014）「強迫性障害（特集：子どもの精神療法）」『児童青年精神医学とその近接領域』55（2）、152-159

白石雅一（2012）「自閉症スペクトラムの人たちのこだわり行動への対処法」『アスペハート』31、20-30

② 衝動的行動・攻撃性をコントロールする力が弱い

子どもたちは、ときとして衝動的に行動することがあります。何か作業をしていても、パッと思いつくとそれまでの活動は切断され

て、別の活動になってしまうこともその1つです。トランプで遊んでいたのに、突然学校の話を始めてしまうといった場合がその例です。

これらの行動は、さほど珍しい行動ではなく、多くの子どもに見られるものです。しかし、子どもの場合もその衝動性が極端に激しくなると、問題となります。また、この衝動的行動が他者に暴力を振るったり、モノを破壊するような攻撃行為となると、社会的にも問題となってしまいます。

この節では、子どもの「衝動的行動」と「攻撃性」について見ていきます。

衝動的行動

衝動的行動とは、以下のような特徴を持っていると考えられます。
(1) それまでの流れとは非連続的で、周囲からは突然と感じられる。
(2) 本人には、その行為をする発想が突然ふってわいてくる。したがって、なぜそうしたのかを問われても答えられないことが多い。
(3) 理由がわかる場合も、後から考えるとわかるが、そのときは後先を考えずに行動してしまっている。
(4) しばしば、その行動のきっかけは、状況や前後の流れをバランス良く見た結果ではなく、ある部分や刺激に対する反応に過ぎず、全体のつじつまには合わないことが多い。
(5) 本人がしてはいけないと思っても、抑えられない。
(6) 叱責や指導を受けても、繰り返してしまう。
(7) その行為が周囲からは突然と感じられるために、驚きや対応の難しさ、それまでの流れが阻害されることへの感情的反応として、怒りを向けられることも多く、大人からは叱責もされやすい。
(8) その繰り返しの悪循環が発生することで、本人の自己評価も傷

ついてしまうことも多い。

こういった衝動的行動を多く見せる子どもたちの中でも、その程度はさまざまです。常に衝動的であると、日常生活が滞ることとなり、学習の成果も上がりにくいばかりでなく、安全面でも困難が生じることとなります。

> 攻撃性

攻撃性という表現は、あまりよい印象のことばではありません。しかし、全く攻撃性がない状態では、自己主張もできないこととなり、自己を護ることができずに、社会的関係の維持が難しくなってしまいます。つまり、健全な攻撃性は、不可欠であるということです。

では、健全な攻撃性を逸脱してしまう場合を考えてみます。

● 攻撃的行動の逸脱

攻撃的行動も、ちょっとした非難的言動や拒否的態度から、繰り返される身体的暴力や大きな破壊行動といったものまであります。

その行動が社会通念を逸脱している場合は、問題とされる必要があります。

● 攻撃的行動が起きるきっかけの逸脱

攻撃的行動は、何かをきっかけにして起きます。そのきっかけが、まわりから見て了解しやすい場合と、そうではない場合があります。周囲から「なぜそんなきっかけで？」と疑問に思われるような場合は、その行動がマイルドなものであっても共感は得にくく、対人関係もうまくいかない要因となります。

なぜその刺激が攻撃的行動に結びつくのかという点はいくつかのパターンに分かれます。大きくは本人も意識できている場合と、意識できていない場合があります。意識できている場合としては、本人が嫌だと思っていることを言われるといった事態が例としてあげられます。意識できていない場合は、本人が気づいていない無意識のこだわりや自尊心などに関係する刺激があった場合や、刺激に対する生理的な反応傾向が高い場合がそれにあたります。

攻撃的行動を行うと、多くの場合に叱責を受け、その理由を問われることとなります。意識できている場合は説明することもでき、理解を得ることも可能ですが、説明できないと理解は得られず、本人への評価も否定的なものとなりがちです。

● 攻撃的行動の対象の逸脱

攻撃的行動は、その行動の対象へ向けられますが、その対象が妥当であるかどうかは大きな問題となります。本来攻撃が向けられるべき対象である場合は、比較的理解がされやすく、対応も的確になされやすいと考えられます。対象が異なるものに向けられた場合は、向けられた相手の怒りを刺激して、攻撃的行動の連鎖を生じること

もあり得ます。また、対象が明確化できていない発達レベルのケースもありますが、そのときには、感情と対象の関係づけから取り組む必要があります。

衝動性と攻撃的行動の関連

　衝動性と攻撃的行動は深く関連しています。とくに、攻撃的行動の激しさの度合いは、衝動的傾向が強いほど大きなエネルギーをともなうこととなります。そして、その行動の刺激そのものが次の衝動性の刺激要因となって、エスカレートしていきます。そうなると、もともとの衝動や攻撃性とはかけ離れた事態となってしまうこともあり得ます。

　また、衝動性は攻撃的行動の対象の問題にも関連します。何かのきっかけで攻撃的行動が生起しますが、衝動性が高いと、そのときに目の前にあったものや、いた相手に対して攻撃をするといった結果となりがちです。たとえば、やや離れたところから暴言を受けたときに、その相手ではなく、一番近くにいた友達をたたいてしまうのです。この事態は、より複雑なものとなるし、本人はたたいてしまった相手に対しては全面的に責めを負うことになります。その失敗感はさらなる怒りへとつながるし、本人の自己評価も否定的になってしまいます。

支援の方法

　このような衝動性や攻撃性は、たとえば虐待など子どもの置かれている環境的要因が関与している場合のほか、もともとの特性として衝動性が高かったり、激しい攻撃的反応をしやすいものを持って

いる場合があります。そして、周囲の人は暴言や暴力などは道徳的、社会的価値観的、倫理的にも制止するべきものとして扱います。

　ここで重要になることは、その行為そのものはきちんと制止するべきですが、そういう行為をした本人の状況について理解しようとする姿勢を失わないことです。そういった行為をしてしまう、もしくはせざるを得ない本人の苦しみについてわかっておくことが不可欠ということです。周囲がその行為を制止することは、本人を救うことにもなるので、この2つの側面の区別を本人にもわかるようにしっかりとして、根気よく対応していくことが肝要です。また、むやみに反省を求めたり、できない約束をさせたりして失敗経験を蓄積するのではなく、できるだけ容易な目標を設定して、成功経験ができるような工夫も必要となります。

③ 非行の問題

思春期・青年期の課題

　発達に偏りのある子が思春期を迎えると、これまでとは違った困難にぶつかります。通常でもこの時期は身体面だけでなく、精神面、情緒面でも大きく揺れ動くのですから、ましてや発達に偏りのある子どもにとっては大きな壁になることでしょう。それに加えて、この時期になると自分というものができつつあるので、保護者や大人の言うことに素直に従わなくなってきます。その結果、助言や指導を受け入れない行動が"枠"から逸脱し、これが問題行動であったり非行となるのです。

　ただ、発達に偏りのある子どもに限らず誰もがそうですが、大人

になる前のこの時期を乗り越えさえすれば、少し今までとは違った光景が開けてきます。そのためにも、家族や周囲の後押しや粘り強い支援が大切であることをまず理解しておきたいものです。ここではどのような逸脱行為となってしまうのかについて解説した上で、適切な対応と工夫について述べます。

● 陥りやすい暴力

　発達に偏りのある子がしばしば逸脱行為となってしまい、周囲を困らせてしまうことの1つに暴力があります。この暴力のメカニズムはさまざまですが、よく見受けられるのが衝動性のコントロールがうまくできなかったり、言いたいことがことばで十分に伝えられず、先に手が出てしまう行為です。年齢が幼かった時の暴力は保護者や教師が力で抑え付けることもできましたが、思春期ともなってくると腕力では太刀打ちできなくなり、被害を受けるとそれは甚大になることさえあります。家庭内暴力の場合、本人と家族の感情のもつれを修正できずにますます事態の深刻化を招き、暴力がエスカレートしていくことさえあります。

● 性の逸脱

　暴力ではなく、性的な逸脱となってしまうことがあります。たとえば、好きになった女性にいきなり近づいて接触したり、ストーカーのようにずっと後を追うなどがその1つです。あるいは、性的欲求のコントロールができず、こだわりがある場合は、痴漢行為やわいせつ行為、性器の露出、下着盗などを繰り返す事例も見受けられます。このような性的逸脱の背景には、性が身に付けられないことが要因だといえます。性を身に付けるということは男性器や女性器の構造を理解したり、妊娠や出産の知識を備えるだけではありま

せん。重要なことは、異性や同性との距離感を身に付けることなのです。たとえば、知り合って親しくなるとその人との距離は縮まります。もっと親しくなると、手を握ったり腕を組んだりするかもしれませんし、キスやセックスをすることもあるでしょう。つまり、異性との親密さの度合いに応じて距離を図りながら関係性を築いていくことが、まさに性を身に付けることだといえます。

しかし、相手の気持ちが読めなかったり、コミュニケーションに課題のある子どもの中には、この距離感を見誤る子がいます。時には、親密さがいかなることを意味するのかも理解できないこともあるのです。また、仲間関係をうまく構築できなかったり、会話についていけなかったりすると、それが性を身に付ける大きな阻害要因になります。

異性とのつきあい方、キスやセックスの情報は一般的には友達からが一番多いと言われています。しかし、その友達がいなかったり、話についていけないとなると、友達から情報を入手できず、DVDやエロ本、インターネットのアダルトサイトを見て、それを手本に行動に移してしまうかもしれません。そこには性的欲求を刺激する過激で露骨な性描写が多々あり、それを現実にしてしまうとたちまち性的逸脱になってしまうのです。

支援の方法

発達に偏りのある子どもたちの非行に適切に対応するためには、まずその行為がどのようなことから出現したのかをしっかり把握することが先決です。確かに、やってしまった結果が大きければ大きいほど、結果のほうに目が向けられやすいのですが、非行のメカニズムを理解しないことには的外れな対応や支援をしてしまうことに

もなりかねません。

　こんなエピソードがあります。柔軟性に乏しく、場面や状況に応じた対応が取れない男子生徒が中学校の女性教諭にいきなり抱きついて問題となりました。しかし、その生徒のことをよくよく調べていくと、彼は小学校の女性教諭からハグをされて褒められてきたことがわかりました。つまり、彼は性的欲求から女性教諭に抱きついたのではなく、褒めてほしいといった承認欲求からこのような行動に出たと理解できます。別の例では、線路に次から次へと石を置いている児童がいました。そこを通りかかった近所に住む男性は彼の様子を見て、「社会に恨みがあって列車を転覆させようとしている」と警察に通報しました。しかし、その児童は社会に恨みなどまったくなく、「電車が通ると線路の上の石がどう割れるのかを見たかった」という動機だけでその行為を続けたのです。

　これらの例にわかるように、彼らの行為、あるいは結果だけに目をとらわれるのではなく、彼らがそこで何を見ているのか、彼らがそれをすることで何を欲しているのかを正確に理解することが大切なのです。得てして、発達に偏りをもっている子どもたちの事例の場合、我々が見ているものと違ったものを見ていることがしばしばあるからです。

　以上のように、非行のメカニズムを理解することが重要となります。そこでの工夫として考えられるのが、その行為全般や前後の状況、流れなどに注目することです。また、行為だけにとどまらず、本人の生活全般の様子にも着目することが意外と抜けていることもあります。発達障害のある男子中学生の例を挙げると、これまで暴力行為はなかったのに、新学年になってまもなくから暴力事件を頻繁に起こすようになりました。担任教諭は彼の暴力の動機がよくつかめず、どのように対応すればいいか困っていました。しかし、そ

の生徒の日常生活全般に目を向けて情報を集めていくと、どうやら最近買ってもらったゲームに夢中になり、夜中遅くまでそれをしていることがわかってきたのです。眠いのを起こされて登校し、しかも新学年でクラスの仲間や担任の先生にもなじめずにいたことからイライラが高じ、それがちょっとしたきっかけで暴力につながったのです。

このように、生活のちょっとした躓きや変化が大きな波紋を呼び、それが逸脱という行動に直結することも珍しくありません。

また非行の予防には、思春期前からできることをしておくことが何より大事なことです。とくに、臨機応変に考えたり、行動したりするのが苦手な子どもにとっては、将来直面しそうな問題を見越して、あらかじめ対応を工夫していくと大きな逸脱を食い止められるかもしれません。たとえば、さきほどの女性教諭に抱きつく例であれば、小学生のときからハグという褒め方はせずに、別の褒め方を工夫するというのはどうでしょう。これは視点を変えれば、子どもの特性にあった対応をすることで、思春期になって急に大きなストレス負荷がかからないための先を見越した知恵でもあります。

思春期、あるいはその後の青年期はアイデンティティの大きな課題が待ち受けています。自分なりの生き方や将来展望を模索する時期に突入します。まさにアイデンティティの確立の苦悩ともいえるでしょう。発達障害の子どもたちは、それと同時に自身の障害特性に目を向けなくてはならなくなり、自分の特性をいかに受容していくかも大きな課題となってきます。それゆえ、本人の苦悩は人一倍大きく、家族や周囲の支えや協力が是非とも必要なのです。

3 対人関係の支援

① 場面が理解できない・共感する力が弱い

　発達が気になる子どもについて「場面が理解できない」といった特性や「共感する力が弱い」といった特性が指摘されることがあります。彼らはしばしば場面の流れや状況が理解できず、その場にそぐわない発言や行動をしてしまったり、相手の気持ちがくみ取りにくく、意図せずに相手の気持ちを傷つけるような発言をしてしまったりします。

　これらの特徴はとくに、ASDや類似した傾向がある子どもたちに対して指摘されることが多いようです。この節では、「場面の理解」と「共感性」について考えていきます。

問題の背景

　表2-3にはこのテーマにかかわりのある診断基準をアメリカ精神医学会の診断基準から抜き書きしました。
　この診断基準で述べられていることをまとめてみると、
(1) 場や相手に合わせた柔軟な態度や言動が困難
(2) 柔軟で幅広いコミュニケーションのスタイルの欠如
(3) さまざまな言語的・非言語的表現の乏しさ
(4) 情緒的交流の困難

表2-3 場面の理解にかかわる診断基準（DSM-5）

社会的（語用論的）コミュニケーション症／社会的（語用論的）コミュニケーション障害の診断基準の一部
A-(2) 遊び場と教室とでしゃべり方を変える、相手は大人か子どもかで話し方を変える、過度に堅苦しい言葉を避けるなど、状況や聞き手の要求に合わせてコミュニケーションを変える能力の障害
A-(4) 明確に示されていないこと（例：推測すること）や、字義どおりでなかったり、あいまいであったりする言葉の意味（例：慣用句、ユーモア、隠喩、解釈の状況によっては複数の意味を持つ語）を理解することの困難さ
自閉スペクトラム症の診断基準の一部
A-(1) 相互の対人的-情緒的関係の欠落で、たとえば、対人的に異常な近づき方や通常の会話のやりとりのできないことといったものから、興味、情動、または感情を共有することの少なさ、社会的相互反応を開始したり応じたりすることができない
A-(2) 対人的相互反応で非言語的コミュニケーション行動を用いることの欠陥、たとえば、まとまりのわるい言語的、非言語的コミュニケーションから、アイコンタクトと身振りの異常、または身振りの理解やその使用の欠陥、顔の表情や非言語的コミュニケーションの完全な欠陥に及ぶ
A-(3) 人間関係を発展させ、維持し、それを理解することの欠陥で、たとえばさまざまな社会的状況に合った行動に調整することの困難さから、想像上の遊びを他者と一緒にしたり友人を作ることの困難さ、または仲間に対する興味の欠如に及ぶ

出典：日本精神神経学会（日本語版用語監修）、髙橋三郎・大野裕監訳（2014）『DSM-5 精神疾患の診断・統計マニュアル』医学書院、46-47、49より抜粋

(5) 他者に対する興味・関心の薄さ

といった特徴が挙げられるといえます。そして、個々の子どもによってその程度はさまざまなのです。

さらにこの特徴の背景を考えてみると、まず、第一にあげられるのは、相手と自分の関係をどのように理解しているのかという点が問題となります。

● 場面の理解の発達的基礎

子どもは発達していく中で、ぼんやりと世界を感じていることか

ら始まり、徐々に自分の身体の感覚を感じるようになります。そして、視覚的にも自分の身体や身体の部分をとらえるようになり、同時に目の前にいる対象である母親らの存在に気づいていきます。そのときに、自分と母親や家族が共通の存在であることを感じ取ることが課題となります。このことを自然に取り入れることができる子どもと、なかなか感じ取れない子どもとがいます。これは、持って生まれたタイプと環境的要因が作用するものと考えられます。少ない経験でも感じ取ることができる場合もあれば、かなり豊富な経験をしてもなかなか入らない場合もあります。

さて、お互いが同じような存在と感じ取れれば、相手の視点も自分のことと同じように感じ取ることができ、相手の状況についても理解がしやすくなります。この自分と同じように感じ取ることを「共感性」と呼びます。実際の場面ばかりではなく、物語の主人公の気持ちを理解するといったことも含まれます。

しかし、そのことが感じ取れないと、いつまでも自分の視点からの理解にとどまってしまいます。本人の理解は決して間違っているわけではないのですが、その場での応用が苦手なために、結果的に不適切となってしまいます。

● **場面が理解できないことによる実際**

通常は不適切な行為について周囲は非難をします。しかし、その非難の根拠は彼らには理解しにくいところにあるわけです。

たとえば、一所懸命努力した友人が部活の試合で負けてしまって泣いているとします。まわりはこの友人に対しては「そっと見守る」「よく頑張ったことをたたえる」「次の機会を目標とするように励ます」といった対応をすることが一般的です。しかし、ある特性を持った子どもたちは「負けたね」「〜だったから失敗したね」「な

ぜ泣いているの？」といったことばかけをしてしまいます。彼らの指摘や疑問は正論であるし、妥当なものです。したがって「そんなこと言うなよ」と周囲に非難されても、間違ったことを言っているのではないので、どうして非難されるのかわからず、余計に自分の主張にこだわることになることも少なくありません。そして、そういったことが重なると、周囲が自分を否定的に見ている、嫌っているといった被害的な気分をもってしまうこともあります。

支援の方法

　こういった状況では、二つの援助が考えられます。
　一つは、状況を彼らにも理解できるように丁寧にかつ、彼らの視点から理解できるように説明をすることです。「今、彼は負けたことが悔しいということで泣いているのだ。だから今の彼に負けた原因を考える余裕はない」といったことを明確に伝え、どのように接することが必要かを考えてもらうことになります。
　もう一つは、場面での振る舞いについてパターンで学習してもらうことです。「こういった場面では、このようなことばは言わず、このような対応をしよう」ということを学習するわけです。ここで重要なことは「こういった場面」をどのポイントで判断するか、ということです。彼らは通常の表現では理解しにくいことが多く、応用も利きにくい傾向をもっています。できるだけ「友人が泣いているときは」といったように目に見える具体的なポイント示すことが効果的です。
　さらに重要なことは、「〜してはいけない」という表現だけではなく、「〜しよう」という形式での伝え方を心がけることです。
　また、「どうしてわからないのか」という点については、叱責や

非難ではなく、「苦手なんだよね」という共感的な理解を周囲が示すことを忘れないことが不可欠です。

② コミュニケーションが苦手

事例

　リョウ君は、小学校3年生の男子です。彼は、クラスの中で浮いた存在になりつつあります。それというのも、彼が他の子が言われたくないようなことを平気な顔で言うような面があるからです。たとえば、ノートを書いているときに、隣の子をのぞきこんで「字が汚いね」と言ってしまったりします。またあるときは、一生懸命に運動会の練習をしている子に対して、「そんなに練習して何の意味があるの？」と言ってしまいます。しかし、けっして彼がそれらを得意としているわけではないので、クラスの子たちから非難されてしまうわけです。それに対しても、リョウ君は「そんなことを言うと嫌われるよ」と言ってしまいます。

> 問題の背景

　リョウ君のように、コミュニケーションやことば遣いに課題があって、友人関係がうまくいかない子どもがいます。しだいに友人から敬遠され、クラスの中で疎外感を感じ、不登校につながってしまうことさえあります。なぜ、このような問題が起こってしまうのでしょうか。

● 状況理解の不適切さが背景にある場合

　とくに ASD の特性を抱える子どもの場合、その場の状況を適切に理解したり、相手の気持ちに共感したりするのが苦手であるという特性があります。そのため、「こんなことを言ったら相手が傷つくだろう」ということや、「今はこれを言わないほうがいいな」ということが理解できず、場にそぐわない発言をして周囲の気持ちが離れていくということが生じてしまうのです。しかし、小学校入学後は、多くの同年代の子どもたちの中での自発的な交流が求められます。そして、そのような交流が徐々に大人の目の届かないところでも展開されるようになり、またそれが望ましい姿だと期待されるようにもなります。したがって、周囲の子どもたちが発達する中で、どんどんコミュニケーションの苦手さが顕著になり、それをフォローされる機会も少なくなって本人の苦しさが増大していくことが多くあります。ここで取り上げた事例は、まさにこのような課題が前面に出ているといえるでしょう。

　また、ここで取り上げた事例以外にも、異なるパターンのコミュニケーションのおかしさを示すことも多くあります。たとえば、場にそぐわない大きな声で話してしまうというパターンもあります。あるいは、諺やたとえ話を理解できず、文字通りに受け止めてしま

うというパターンが見られることもあるでしょう。これも、その場の状況や、文脈を理解しにくいという特性に関係しています。一方的に自分の興味・関心があることを話し続けるという様子が見られることもあります。「聞いてくれる」と思う大人やクラスメイトに対して、相手の反応を気にせずに、ずっと自分のことを話し続けてしまいます。これも、相手の気持ちを読み取る力の乏しさに関係して生じることだといえるでしょう。

● **ことば遣いそのものの不適切さが背景にある場合**

　ほかにも、ことば遣いそのものがおかしく、他者とのコミュニケーションが成り立たないという場合もあります。たとえば、「〜する」と言うべき場合に、「〜される」と言ってしまうように、一人称と二人称などの人称代名詞の逆転が見られることがあります。これは、相手の言動を自分に置き換えて考えるということが苦手で、相手の発したことばをそのまま真似している状況です。ことば自体の発達の遅れが推測されるサインであるといえるでしょう。

　さらに、年齢に不つり合いな大人びた話し方、形式ばった話し方をしてしまい、まわりの子どもたちから浮いてしまうという場合もあります。ASDを抱えている子どもは、子ども同士の交流の中からコミュニケーションの方法を覚えるというよりは、大人の会話を真似したり、テレビや本などのメディアから学んだりするほうが得意です。そのため、同年代の子どもとの会話としては違和感のある状況になってしまいます。しかし、本人としては、ある程度、パターン化した方法でコミュニケーションを取ることにより、心の安定を保とうとしているのだと考えられます。

● コミュニケーションに問題がないように見える場合の留意点

　一方で、なかには、あまりコミュニケーションに問題がないように見える場合もあります。しかし、そのような場合でも、よく観察すると自分からは話しかけていないとか、会話のやり取りが長続きしないといった様子が見られることがあります。このような子どもは、自らの思いをあまり発言しないため、学級の中であまり目立たず、言動が問題化することは少ないかもしれません。しかし、そのような子どもでも、想定外のことを言われたり、両極端な意見の真っ只中におかれたりすると、パニックを起こしてしまいます。「自分を相手に合わせる」というパターンで対処しようとしているため、それが通用しない場面におかれたときに混乱してしまうのだと考えられます。

支援の方法

　場の状況や相手の気持ちを推測させることを目指して、「そういうふうに言ったら、相手の人はどう思うだろう」というような働きかけを行うだけでは、事態は改善しないことが多いです。そうした推測は本人にとって「できない」ことなので、不可能なことを無理強いしては苦痛が生じるだけです。それよりも、むしろ「そういう発言をしたら、相手はこう思うんだよ」「そういう場合には、こう言ったらいいんだよ」ということを具体的に教えるほうが有効です。また、その際、発言をしたときの本人の気持ちも確認します。今回の事例でいえば、「なんで、そんなに乱暴に字を書くのかと思った」という本人の気持ちを確認したうえで、「字が汚いねと言われたら、言われた人は傷つきます。『もう少し丁寧に書いたらどうか

な?』と言えば、あなたの気持ちが伝わります」と教える方法が考えられるでしょう。

　話し方の奇妙さや、一方的に話し続けることに対する支援についても同様です。これらは、状況理解の乏しさを表していることはもちろん、本人なりの適応方略の誤学習結果ともいえるので、新たに適切な行動を学習させていくことが大切です。たとえば、一方的に話し続ける様子があれば、まず、大人側から「話を聞けるときと、聞けないときがあります。聞けないときには、今は聞けないと言うので、席に帰って本を読みましょう」というように予告し、代替行動を教えます。そして、話を聞く際には、「今から10分間はお話ししましょう。その後は、教室に帰って次の授業の準備をしましょう」というように、時間設定をしていきます。こうすることで、自分でコントロールできる感覚を身につけさせていきます。

　これらの支援は、できるかぎり、視覚的な情報を与えながら行うほうがスムーズです。不適切な発言をした際の様子をイラストにする、時間設定の際に目に見える場所に時計を置くなどの方法です。ほかにも、声の大きさの調節ができないなどの課題があれば、声の大きさを物差しなどによって視覚化し、「授業中に友達と話し合うときの声の大きさはここ」「授業中にみんなの前で発言するときの声の大きさはここ」というように理解させていくこともできます。

　一見すると、コミュニケーションの課題を抱えていないように見える場合であっても、それは実は我慢を重ねているだけであり、同様の苦しさを感じていることは少なくありません。相手の意図や自分がどう対応すればよいかを教えることは同じように必要ですし、困惑しそうな場面ではことばかけをしたり、あとで気持ちを聞いたりするなどのフォローも大切になります。

　だからといって、本人から感謝のことばが発せられるわけでもな

いでしょう。ときには、ほめられているのに「前からできたよ」と言ったり、手伝ったのに「自分一人でもできる」と言ったりというように、さまざまなサポートを無にするような発言をしてしまい、大人でさえも不快感を抱くことがあります。しかし、それこそが本人の苦手さを表現したものにほかならないということを理解し、支援のポイントだと気づいていく必要があります。

文献

内山登紀夫・水野薫・吉田友子（2002）『高機能自閉症・アスペルガー症候群入門――正しい理解と対応のために』中央法規出版

③ 友人ができない

事例

中学校2年生のアキさんは、友達ができないことを悩んでいます。彼女によれば、何人かでおしゃべりをしているとき、自分が話しかけるタイミングがわからなくて、ずっと黙っているしかないのだそうです。そして、「居心地が悪いな」と思っていると、急に名前を呼ばれて「なんで無視するの？」と言われてしまうということです。そんなことを繰り返しているうちに、しだいに友達と会話するのがつらくなってしまって、ひとりでいることが多くなってしまったそうです。

> 問題の背景

　アキさんのようなパターンは、思春期にはありがちだと感じられるかもしれません。しかし、この背景に発達障害が隠されていることもあります。その子の苦しさが、どのような背景から生じているのかを理解し、支援につなげていく丁寧さが求められます。
　我々が人間関係を構築し、維持していく際には、さまざまな能力が求められます。誰が誰に対して何を話しているのかを聞き、我々の関係性はどうなっているかを踏まえ、今の話にどう反応すればよいのかを考え、ほどよいタイミングで自分の話を切り出す……そのような繰り返しが人間関係を円滑にする努力であり、実にいろいろな作業を行いながら適切だと思える対応をしているといえます。

● 発達障害の特性はいかに人間関係の構築に影響をもたらすか

　ところが、ADHDの特性を抱えている場合には、注意力が散漫になって相手の話していることを聞けていないという事態が起こる可能性があります。衝動性が高い場合には、自分の「やりたい」という思いが先走ってしまい、相手の話に割り込んでしまうということも出てきます。また、ASDの特性を抱えている場合には、人の気持ちや場の状況をうまく読み取れず、適切な人に、適切な内容の話を、適切なタイミングでできないということが生じてくるでしょう。SLDの特性を抱えている場合には、学習上の困難さを周囲から揶揄されるなどの問題が起こる場合もあります。
　今回の事例では、複数人で話している場面で誰が誰に話しかけているのかの読み取りがうまくないこと、それぞれの人と人との関係性の読み取りも苦手なこと、話の切れ目の読み取りもうまくないことが背景にあって、会話の継続が困難だったと考えられるでしょう。

もしかしたら、不注意や、頻繁に気がそがれるという問題があって、ボーっとしてしまうことがあるのかもしれません。とくに自分と他者の区別がはっきりしてきて、親密な友人関係が活発化する小学校中学年以降では、こうした友人関係における苦しさが表面化してきます。また、思春期以降、対人関係の中心は友人関係へと移行してくるため、その苦しさはいっそう増していくようになります。こうした苦しさの蓄積によって、しだいに人とかかわることの苦手さを自覚するようになり、人を避けることにつながっていきます。
　通常の子どもにとっても、思春期は、さまざまな危機が生じるために乗り越えることが困難な時期であるといえるでしょう。その一端は、以上のように複雑な能力を発揮しなければ、対人関係がうまく機能しないということにあります。そのため、とくに発達障害を抱える子どもにとっては苦手なことを要求されることとなり、対人関係のなかで否定的感情を生じさせやすく、そこでの傷つきが大きな失敗体験として認識されやすいといえるでしょう。

支援の方法

　そうした傷つきを避けるため、しだいにひとりでいることを好むようになる子どももいます。人とかかわらなければ、傷つかずにすむからです。しかし、そうした本人の意向を鵜呑みにしていては、「自分はやはりダメな人間だ」というように自尊感情が低下しやすくなるほか、「なぜ自分だけが」という被害感が増し、他者への攻撃的な気持ちを増幅させることにつながりかねません。場合によっては、ひきこもりなどの問題行動が悪化していくことになるかもしれません。

● 大人との信頼関係づくりから始める

　まずは、本人の傷つきを和らげ、友人関係へと向かう気持ちづくりを行うことが大切です。発達障害の特性を考えれば、実際、多くの人と集団活動をともにすることは困難かもしれません。一方で、発達障害を抱える子どもは一対一の関係を好むことも多く、そうした関係では比較的スムーズな交流が可能なことも少なくありません。とくに、大人との間では、大人側が子どもに理解しやすいような働きかけを（意識的に、あるいは無意識的に）行うため、発達障害を抱える子どもにとっても居心地がよい関係がつくりやすいといえるでしょう。まずは、大人がその子自身の興味・関心に歩調を合わせてかかわり、信頼関係をつくることが大切です。

● 対人スキルの獲得を目指して

　そして、その信頼関係を基礎にして、その子に必要な対人スキルを教えていくことが必要になります。発達障害を抱える子どもの友人関係の苦手さは、一言でいえば、その子自身の発達特性が対人関係の中でうまく機能しないためだといえます。そのため、それを補うような対人スキルを学ぶことによって、その子なりのうまくいく方法を獲得させる必要があります。たとえば、「今のような言い方をすると、相手が傷つきます。かわりに、こう言いましょう」というように、具体的な言い方を教えていくことも大切でしょう。人の表情を読み取る練習のために、表情マークに「気持ちの名前」をつけていくようなこともできます。あるいは、気持ちの読み取りと自分の反応を総合的に練習するために、四コマ漫画の最終コマのセリフ欄を空欄にして、自分が考える適切なセリフを埋めさせるというような方法もあります。

より集団的な場面でのスキルの改善を求める際には、学級集団などの複数人の集団を活用した「集団随伴性」による支援もあります。集団随伴性とは、集団のある特定の人物もしくは全員が、ある特定の行動ができたとき、それに対する強化が集団に与えられることです（Litow & Pumroy, 1975）。みんながんばれば何かごほうびがもらえる、という状況です。方法としては、たとえば、まず、課題を抱えている子やその他の子を前にして、モデルとなる子の標的行動の遂行状況を賞賛します。そうしてモデルとなる子の標的行動に注目させたうえで、課題を抱えている子も含めた子どもたちがその標的行動をできるようになったら、全体への賞賛を与えます。この方法では、お互いの行動が全体の評価に影響するということから、仲間同士での励ましあいや、具体的なやり方の提示などの援助行動が生まれやすいといえます。また、そのことによって、仲間から受容されている感覚を味わい、自尊感情が高まりやすいとも考えられます。こうした方法を、レクリエーション的なゲームなどを行う際に取り入れていくことは、集団活動を基礎にする学校教育では活用しやすい方法だといえるでしょう。

ただ、全体の評価を気にするあまり、うまくできなかった子どもへの非難が生じる場合もあります。また、苦手意識をもつ子どもが、過度なプレッシャーを感じてしまう場合も考えられます。そのため、事前に標的行動を達成する能力が対象者全員にあることを確認しておく、どのような達成基準によって賞賛されるのかを対象者全員が理解しておく、などの点に留意して進める必要があります（小島, 2000）。

● **その子に合った人間関係づくりのサポート**

また、誰でも気が合う人、そうではない人がいるように、発達障

害を抱える子どもにとっても、気が合う子はいます。そうした子どもがひとりでもいれば、その子の不全感は大きく解消されます。それは、学級の中に限る必要はありません。部活動などでもよいでしょう。波長の合いそうな子と話ができるよう、さりげなく結び付けるようなかかわりも大きな支援になると考えられます。とくに、発達障害を抱える子どもは同年代の子どもとのかかわりは苦手なことも多いですが、異学年との交流であればスムーズにできることもあります。校内での連携によって、そのような関係づくりを促していく姿勢も大切です。

文献

小島恵（2000）「発達障害児・者における集団随伴性による仲間同士の相互交渉促進に関する研究の動向」『特殊教育学研究』38、79-84

Litow,L., Pumoy, D.K.（1975）"A brief review of classroom group-oriented contingencies." *Journal of Applied Behavior Analysis*, 8, 341-347

4 そのほかの支援

① 身体症状

　学校生活において、腹痛や頭痛など身体の不調を訴え、登校や授業に参加することが難しくなる子どもたちがいます。こういった子どもたちの中には、その背景にさまざまな精神疾患や発達障害を抱える子どもたちも数多くいます（宮本, 2002 等）。本節では、とくに発達障害圏の子どもが、学校生活における不適応問題を契機として、身体症状が見られるようになった事例を紹介しながら考えます。

事 例

　15歳のアツシ君は、小学校4年生のときに広汎性発達障害と診断されました。幼児期の発達上の問題はありませんでしたが、小さい頃から食べ物に好き嫌いが多く、感覚の過敏性が見られました。また、食事のマナーを守れず、父親と祖父に強く叱られ、時には手をあげられることもありました。アツシ君はこれらの苛立ちから、妹に暴力をふるったり、脅したりすることが増えてきました。そんな妹をかわいそうに思った母親も、アツシ君に怒る場面が増えました。
　学校場面では、学業成績、運動神経そして体格もよいアツシ君は、一見まわりとの違いが見られません。しかし、アツシ君は級友や後輩の何気ない一言を誤解してとらえ、級友らに暴言

を放つことが数多くありました。加えて、場の状況が読めず、真面目に取り組むべき場面で、友人とふざけることがあり、先生に厳しく指導を受ける場面も多かったのです。それでも中学2年生までは、アツシ君の行動に付き合ってくれる小学校時代からの友人もおり、クラス・部活ともに居場所がありました。

　しかし、中学2年生の後半より、まわりも成長し、彼の振る舞いに違和感を持ちはじめた友人がアツシ君を注意するようになり、アツシ君は学校に居場所がなくなったように感じました。この頃より、アツシ君は朝になると腹痛や頭痛を訴え、遅刻や欠席をすることが増えていきました。担任の先生が電話をすると、腹痛を訴え、トイレにこもっていることが多く、電話にも出られない状態が続きました。とくに日中は、下痢の不安があり、家にひきこもることが増えました。また、朝になるまで眠れない日が続き、一睡もせずに朝から学校に行く日は、頭痛を訴えていました。

問題の背景

● 不適切な言動の背景

　アツシ君は静かにしなければならない場面で騒ぎ、それを見た他

の級友が便乗して騒いでしまうことがありました。アツシ君は、学業面においては困る場面がありませんでしたので、先生はアツシ君がふざけてそのような振る舞いをしていると感じ、厳しくアツシ君に対して指導をしていました。しかし、このようなアツシ君の行動の背景には、場を読む、想像することの難しさといった発達上の課題があったと考えられます。私たちは、通常まわりの人の表情、話の内容、時間の流れなどからその場の状況を判断し、まわりに求められている言動をとっています。一方で、アツシ君のようにASDの特性を抱える子どもは、表情を読み取ったり、話や場の文脈をイメージしたりすることをとても難しく感じます。場に不適切な言動をわざとしているのではなく、何がその場に適した言動なのかわからないために、そのような言動を続けてしまったと考えられます。

　また、アツシ君は下級生や妹に対して傷つける言動を何度もしてしまい、止めることができませんでした。この背景には、衝動性の高さと過去の体験が関係している可能性がありました。アツシ君に暴力的な言動後に話を聴くと、とっさに手が出てしまい、自分でコントロールできないつらさを語っていました。また家庭では、父親がマナーを守らないアツシ君に怒り、時には手をあげていました。アツシ君は、なぜ怒られているのかの理由もわからないまま、暴力を振るわれたと感じていました。そのため、嫌なことがあった時には、父親同様に暴力を振るったり、傷つけることばを相手に使ったりすることで自分の身を守るという、防御方法を身につけてしまったと考えられます。

● **身体症状の背景**

　アツシ君が、このような言動を繰り返すことで、仲のよかった友人もアツシ君から離れていってしまいました。その結果、アツシ君

の心に残ったのは、誰からも受け入れられないダメな自分と、誰もわかってくれないまわりへの怒りです。学校に行くことは、アツシ君にとっては自分が人とは違う、誰も理解してくれないことに直面する場となり、つらいだけの場所になってしまいました。学校に行く前に、そのような苦しい行き場のない思いが排泄（下痢）という行為によって、表現されていたと考えられます。また、現実の場面で心の拠り所をなくしたアツシ君は、苛立ちと不安で押しつぶされそうな気持ちを紛らわすために、夜中にインターネットのゲームに没頭して忘れようとしました。その結果、朝まで眠れない日々が増え、頭痛を訴えることが多くなりました。

支援の方法

　当初、学校の先生はアツシ君の攻撃的で場を乱す言動は意図的なものであり、欠席についても怠けであると考え、アツシ君に対して厳しく指導をしていました。また、家庭でも言いつけを守らず、妹をいじめるアツシ君に対して、家族は苛立ちと疲労感から、アツシ君とのかかわりを避けるようになりました。このように初期には家庭、学校、地域（病院等）におけるアツシ君の共通の見立てや方針がなく、アツシ君に対して一貫した対応がとれず、アツシ君を不安にさせたと考えられます。そこで、アツシ君の言動の背景を正しく理解するために、アツシ君は地域の相談施設で知能検査を受けることにしました。その結果、標準レベルの知能指数でしたが、場を読む力が著しく不足していることが明らかになりました。この結果をもとに、家庭と学校、地域は以下の5点を見立てと方針とし、共通認識を持つことにしました。①アツシ君の不適切な言動はふざけでも怠けでもなく、本人が抱えている発達面での困難さからきている

ものである、②不適切な言動が出た場合には、その都度具体的にそして簡潔に伝える、③個別に話す時間を作り、本人がどのような気持ちから不適切な言動をしたかについて話を聴く、④間違ったとらえ方をしている場合は、具体的状況を再度確認し、どのような対応がふさわしかったか一緒に考える、⑤本人が頑張ったこと（登校等）には肯定的なことばがけをする。

　また、両親は地域の相談施設で定期的に心理面接を受け、育てにくさについて語る中で、しだいに、アツシ君の発達面について理解を深めていきました。アツシ君本人はスクールカウンセラーとの心理面接を通して、まわりに理解されないつらさをことばで表現することができるようになりました。また病院への定期的な通院も開始しました。

　アツシ君はASDの特性と家庭環境の厳しさに加え、学校でも傷つく体験を重ね、自信喪失の毎日を送っていました。そのなかで、家庭・学校・地域が情報と方針を共有し連携してアツシ君を支える体制作りをしました。その結果、まわりが自分を理解しようとしてくれている、自分を受け入れてくれているという信頼感が芽生えたのです。そして身体不調という形で表現しなくてもわかってもらえると感じ、身体症状の消失に至ったと考えられます。支える側が一歩ずつ子どもに寄り添い、手をたずさえていくことで、守られている安心感が子どもに伝わり、自分自身を受け入れるプロセスへとつながっていった事例といえます。

文献

宮本信也（2002）「発達障害と心身症」『発達障害研究』23、221-235

② 習癖異常

「習癖異常」とは、習慣的に身体各部をいじる行為を総括したものです。具体的には、指しゃぶり、爪かみなどが該当しますが、広域では異食などの食事問題、悪夢・夜驚などの睡眠問題、遺尿・遺糞等の排泄問題、緘黙(かんもく)等の言語問題、チックなども含めて習癖異常として取り扱う場合があります。

本稿では、学校生活において、爪かみやチックが見られるようになった小学生の事例を紹介します。

事例

アサト君は8歳。アスペルガー障害と診断されています。学習面では、算数など得意な教科では意欲的に授業に臨むことができていましたが、図工など手先を使い、イメージすることを必要とする課題においては、「わからん」「できん」と口にすることが多くありました。またアサト君は具体的な事実を書くことはできましたが、感想文を書くことは苦手としていました。運動面については、走ることは得意でしたが、踊りなど動作を覚えることが難しく、まわりよりワンテンポ遅れることや、先生の指示を聴きもらし、ついていけなくなることもしばしばありました。

対人関係面では、場の状況が読めず、考えていることをすぐに口にだしてしまうことがありました。そのため、アサト君の発言がきっかけとなり、級友とけんかに発展してしまうこともしばしば見られました。また、友達にそっけない態度を取られると、反応が返ってくるまで何度も話しかけてしまうため、級友は

疎ましく感じ、次第にアサト君を避けるようになりました。アサト君はそのことで「どうせ誰も僕としゃべってくれない」と言って、泣き出してしまうこともありました。このような級友とのトラブル後や苦手な課題を行う際に、爪をかむことや、鉛筆の芯をかむなどの習癖がみられました。また、次第に口をつぼめるような表情、匂いを嗅ぐ、肩をすくめる等運動チックや、授業中に「アッアッ」と声を出す音声チックや、先生や自分の発言を何度も繰り返し述べるなどが見られ、学校側も対応に迷うことが増えてきました。

問題の背景

● チック症状の背景

　アサト君は習癖の中でもとくにチック症状が多く見られました。チックとは、突如として起こる素早くひきつった運動であり、しばしば繰り返し起こります。チックはわざと行っている運動ではなく、出さないようにしようと思っても出てしまうという面があります。チックは、かつて心因性と考えられていましたが、現在は生物学的な要因が基礎にあることがわかってきています（金生，2014）。このようにチックは心因性ではないのですが、心理的な影響で変動する

ことが多い症状です。たとえば、不安や緊張が増大していくときや、強い緊張が解けたとき、楽しく興奮したときなどに増加していく傾向が見られます。アサト君の場合も友達とのけんかや先生に叱られた後に運動性のチックが増えたり、また自分の好きなアニメに関する話のときには、同じ単語を繰り返し言うなどの音声チックがよく見られたりしました。また、心理的な要因だけではなく、疲労によっても、しばしばチックが増加することがあります。チックの持続期間としては、長期的な慢性チック症でも、10歳から10歳代半ばをピークとし、それ以降は軽快の方向に向かうことが多いとされています。

● **発達障害と習癖異常**

ASDのお子さんは、人との関係でトラブルを抱えやすく、ストレスが溜まりやすいことや、中枢神経系の脳機能の障害からチック症状などの習癖異常が起こりやすいとされています。アサト君もASDとの診断を受けていましたが、実際に友達との会話がかみ合わないことや、相手が嫌がることを言ってしまい、そのためトラブルとなることが見られました。その結果「みんなアサトと話してくれない」との思いをもったり、まわりの子と同じように図工や体育などができず、「アサトだけ下手」「もう死にたい。どうやったら死ねるの？」と発言したりすることもありました。このように、まわりとのつながれなさ、まわりについていけず、自分だけできないという気持ちがアサト君のストレスとなり、爪かみや鉛筆の芯をかむ、匂いを嗅ぐ、声を出す等の習癖が増強していたと考えられます。

支援の方法

　授業中に体を動かすことや、激しい音声を上げることがあり、教師はどのように対応すべきか悩んでいました。当初は、そのような症状が見られるたびに教師が指導していましたが、日に日にチックが増大していきました。そこで、チックは本人がおさえようとしても出てしまう症状であるため、無理に抑えようとせずに見守っていくことにしました。また、本人がつらい場合には、教室以外の避難できる場所を確保することにしました。同時に、担任教師が両親に学校での状況を伝え、病院に受診し、服薬をすることになりました。その際、医師からは、チックは親の育て方や本人の性格に問題があって起こることではないと伝えられました。そのうえで、チックを止めるように叱らず、本人の特徴の1つとしてとらえること、また本人の長所を評価することの重要性についても説明されました。

　学校においても、アサト君がまわりと違う自分に疎外感を持っていたので、アサト君ができているところをしっかりと教師が褒めるようにしました。また、友達とのトラブルがあったときも、どのようなすれ違いがあったかについて教師から丁寧に説明をして、本人が嫌われているのではないことを伝えていきました。また、アサト君が課題についていけないときや、場の状況を読めないときには、その都度具体的に教師から教えてもらうことで、皆と共にできる体験が増えてきました。しだいにアサト君は友達の輪に入ることができるようになり、外で友達と遊ぶことが増えました。最終的には、目立ったチックは減少し、逆に泣いている子がいると、心配し励ます場面も見られるようになりました。

　癖は誰にでも生じうるものではありますが、ときには社会的マナーに反するとされる癖もあり、その狭間で当人も周囲の大人たち

も苦慮します。とくにまわりの大人たちは、将来のその子のことを考えると、早く直さないといけないと気持ちが焦ることもあります。しかし、習癖を機としてまわりの大人が子どもの症状だけに注目するのではなく、心の状態を理解し、生活環境を整えることで症状が減少することもあります。本事例では、アサト君が他の人と違うことにいかに傷ついていたか、また生きづらさを感じていたかについて、まわりの大人たちが理解したことがきっかけとなって症状が改善されました。すなわち、親や教師はアサト君の立場となって生活をサポートし、習癖もアサト君の特徴の1つとして受け入れていくことで、アサト君の安心感につながり、二次的な障害（自尊感情の低下）も防ぐことができたといえます。ただしチック症状が長期化したり重症である場合には専門の医療機関などを受診することも重要です。

　飯田（2006）は、癖は気持ちを言語化できない子どもにとっては、ことばであり、心の底からの訴えであると述べています。癖という子どもの言動を通して子どもの心を聴こうと、まわりが子どもの気持ちや思いを慮り、環境を整えるとき、癖は役割を果たし、消失につながる場合もあるのではないでしょうか。

文献

飯田順三編（2006）「習癖異常」『こころの科学』130

金生由紀子（2014）「チック・衝動性と発達障害研究——トゥレット症候群を中心に」『臨床心理学81』14（3）、341-344

③ 性の問題・異性関係の悩み

事例

　ヒロキ君は、小学校6年生になってからというもの、家の中で、母親や姉の胸やお尻を触ろうとすることが増えています。また、性器の名称を何度も言ったり、性器を露出したりということもあります。今のところ、家の外では同じようなことはないのですが、家族で外出した際には、通りすがりの人の身体を凝視するような様子が見られます。そのため、家族は、「いつか学校などで他の子の身体を触ってしまうようなことが起きるのではないだろうか」と、とても心配しています。

問題の背景

　性は、心身の発達にともなって、多くの子どもにとって大きな関心事になります。自我を形成するうえでも重要な役割を果たすものであり、それは発達障害を抱える子どもにとっても同様です。ただ、発達障害を抱える子どもの場合、ナオキ君のように、ときにそれが周囲から問題であると感じられてしまうような様子を示すことがあります。

　また、発達障害を抱える子どもの性的な問題行動は、家族内だけでなく、友人間や見知らぬ人との間で起こることもあります。また、不適切な場所で性器をいじったり、相手の反応を気にせずに言い寄ったり、つきまとったりという形で生じることもあります。性はプライベートなものですから、そのプライベートな領域が侵されると人を不快にさせます。そして、一つ間違えば、犯罪にもつながり

かねないものです。そのため、周囲の大人の不安を大きくあおる問題といえます。

では、このような性の問題は、どのような発達障害特性と関連しているのでしょうか。そして、我々はどのように支援していくことが求められるのでしょうか。

● 衝動性の問題が背景にある場合

衝動性のコントロールがうまくいかないという課題がある場合、性衝動のコントロールもうまくない場合があります。自分の性的な欲求を満たすことを抑えきれず、不適切な場所で性的な発言や行動をしてしまい、問題行動と見られてしまうという状況です。

このような性衝動のコントロールには、羞恥心が大きな役割を果たしています。多くの人は、「人前でそんなことを言うのは恥ずかしい」というような気持ちをもち、公衆の面前で性的な発言は控えることができています。しかし、社会性に問題を抱えている場合、定型発達の子どもに比較して羞恥心が育ちにくいといわれています（内山・水野・吉田, 2002）。そのため、人の目を気にすることなく、自分の思いのままに行動してしまうという様子が見られてしまうわけです。

● 他者の感情理解の問題が背景にある場合

もちろん、その背後には、「相手の気持ちを読み取りにくい」という傾向も関与しています。相手が嫌がっていることなどがわからずに、一方的な自分の気持ちを押し付けた行動をした結果、相手に対して性的に傷つけるような行動に至ってしまうという場合です。

あるいは、会話によるコミュニケーションがうまくない子が、その代替行動として性的問題行動を繰り返し起こしてしまうこともあ

ります。性器を露出するなどして相手が驚いた様子を見て、「性器を露出すれば、相手が喜ぶのだ」というように相手の気持ちを間違えて読み取り、自らは適切なコミュニケーション行動であると誤学習しているものです。いずれの場合も同様の特徴をもとにして出現している問題行動ではありますが、後者の場合、より問題が複雑化しているといえるものです。

● 興味の限局性の問題が背景にある場合

　また、ASDの特性を抱えている子どもが示す「興味の限局性」という特性が、性の問題にかかわっていることもあります。これは、特定の何らかの対象に強い関心を抱くという特性ですが、その対象が性器などの性的なものに向くことがあります。その結果として、どこでも自分の性器を触る、相手の性器を触ろうとするという行動になってしまうことがあります。さらに、それが通常は性的興奮を覚えないような物品や状況や行動に向けられ、性的関心と結びつくこともあります。そうすると、フェティシズムの要素を帯びた問題行動に至ることとなります。

● 実験的行動としての問題行動である場合

　ただし、一見すると性的問題行動のように見えていながら、本人にはまったくその意図がないという場合もあります。たとえば、「布の重さを知りたくて、スカートを切りつけてしまう」というように、何かを知るための実験的行動として行ったものが性的問題行動となる場合です。これは、行動としては性的なものですが、その起こってくる背景に性的なものは関与しておらず、留意すべき点だといえます。

> 支援の方法

● 発達段階と発達特性に応じた性教育の必要性

　自らの性と向き合いそれを受容していくことは、どの子にとっても大きな課題です。発達障害を抱える子どもにも、その特性を踏まえた成長を促す必要があるといえます。

　そこで、性に関心が芽生え始めたら、性の発達や、自慰行為や恋愛関係に関するマナーを具体的に教えていきましょう。その場合には、視覚的に情報を処理できるよう、絵カードやメモなどを用いるほうが理解しやすいと考えられます。

● 問題行動が発生した場合には

　それでも具体的な問題行動が発生した場合には、まず、問題行動が生じている前後の状況を把握していきます。どんな場面でそれが起こるのか、その前に何か本人の気持ちが揺らぐような出来事はなかったか、問題行動を起こした後に、まわりはどのように反応・対処しているか、問題行動を起こした後の本人の様子はどのようなものか、といったことについて、記録を蓄積していきます。

　これらの情報を収集することによって、どんな出来事が起こったら要注意とみなせばよいのか、家の中だけか外でも起きるのか、不特定多数の人物に対してか、特定の人物に向かっているのか、自己満足なのか、誰かとのコミュニケーション手段なのか、本人に問題意識はあるのか、といったことが理解できるようになり、介入すべきポイントがわかりやすくなります。

　そのうえで、問題行動そのものに対しては、「してはいけません」とはっきり、短いことばで禁止することが必要です。「ダメな

ことなのだ」ということを教えていかなければ、行動が習慣化する恐れがあります。また、それだけではなく、マナーをあらためて教える必要もあります。たとえば、人の体で触ってもよいところ・悪いところはどこなのか、性器を触ってもよいのはどんな場所なのかということを、具体的に教えていきます。この場合にも、絵カード名を使って理解しやすい方法となるよう、留意します。

　しかし、マナーを守ろうと思っても、うまくいかずに問題行動が生じているのですから、ただ単にマナーを伝えるだけでは十分ではありません。性的な関心が高まったときに、それを我慢していられるような、別の代替行動を一緒に教えることが有効です。たとえば、座る場所を示して本を読ませるようにする、「こんにちは」と話しかけてみる、などです。気持ちがおさまらない場合には、言いたいと思う卑猥なことばをメモ帳に書くなども有効かもしれません。

　なお、誰かに抱きつこうとしてしまう場合には、単に性的な意味合いではなく、スキンシップを求めていることも考えられます。発達障害を抱える子どもの場合、人間関係への興味・関心が遅れて発達し、思春期頃になって現れてくることがあります。そのため、年齢に不釣り合いな抱きつきが生じ、周囲は困惑してしまいます。その場合、一律に禁止することは本人の安定感を損なう恐れもあります。そこで、抱きつくのは家の中だけにしようと伝えて、誰にでも抱きつくのは禁止します。そして、徐々に握手など、年齢に相応なスキンシップに移行できるようにしていきます。

　また、性器を頻繁にいじる場合には、性器が不潔になっていないかということを確認することも必要です。自慰行為がうまくいっていないという可能性もあります。その場合、適切な性器の洗い方や自慰行為の方法などを教えていくことで、人前での性器いじりが減少する可能性があります。同性の保護者の協力を得て、これらの指

導を行うことが望ましいといえるでしょう。

文献

内山登紀夫・水野薫・吉田友子（2002）『高機能自閉症・アスペルガー症候群入門——正しい理解と対応のために』中央法規出版

第3章 自己理解の支援

　児童期後半になってくると、子どもたちは"自分"というものに、より意識を向けるようになってきます。自分を知ることは、自分とうまく付き合うために大事な一歩。"だめな自分"ではなく、"こんなところは苦手だけど、こうすればうまくいく自分"であったり、"こんな風になりやすいところがあるけど、こうやって意識するとうまくいく自分"を、子どもたち自身が探していくプロセスをサポートできていくとよいでしょう。
　ここでは第1章で解説した自己理解の支援について筆者らが開発した「自己理解プログラム」（永田監修, 田倉・吉橋, 2012）の一部について紹介します。

1 得意なこと・苦手なこと、好きなこと・嫌いなことを知る

● **得意なこと・苦手なことが客観的に把握しにくい背景**

　発達の気になる子に「得意なことは何？」と質問すると、「一番になるようなものはないから、得意なことは自分にはない」「みんなできることだから、自分が得意ってことはない」など、自分には得意だと言えるようなことが「ない」と判断してしまっている児童がいます。とくに、自閉スペクトラム症（自閉症・アスペルガー障害など、ASD）児は、小学校高学年になると自分の特性に対する疑問が生じ始めると指摘されています（別府, 2010／田中・廣澤・滝吉, 2006）。また、別府（2010）は、自分の特性に気づき始める時期のASD児は、周囲と自分を比較して自己肯定感が下がることも指摘しています。嫌いで取り組めないこと、苦手なことは他者からも指摘されることが多く、それを指標に周囲と自分を比較して、否定的な自己イメージをもってしまうことが多いようです。そして、もともと第三者的視点から客観的に自分のことを見つめることが苦手なうえ、否定的な自己イメージに支配されて、ますます自分の苦手なところに目が向いてしまったり、得意なことに目が向けられなくなってしまったりします。

● **得意なこと・苦手なことを理解する支援の方向性**

　石川（2015）は、発達の気になる子の支援の最終目標は「自己理解」であるとし、義務教育終了までに少しでも自己理解が進んでい

ることが将来のために必要であると述べています。前述したことを踏まえると、ゆがんだ形での自己理解を生じさせないためにも、自己理解支援の本格的な開始時期としては小学校高学年に差しかかるころがよいでしょう。

また、その自己理解のプロセスについて木谷（2014）は、第1段階：「自分の得意さ・苦手さを理解すること」、第2段階：「自分自身で理解するだけでなく、自分の障害特性を自分自身の言葉と自分に適した表現ツールを活用して他者に説明できること」、第3段階：「その結果他者に理解してもらえること」、第4段階：「そこから他者との新たなコミュニケーションが生まれること」という4つの段階を踏んで丁寧に進めることが必須であるとしています。

つまり、自分の「得意」「苦手」の理解支援で大切なことは、肯定的な自己イメージを持ちながら、得意なことを認識し、積極的に生活や進路に生かしていく材料にできるようにすること、苦手なことは①助けてもらうことができ、②必要なスキルを身に付けることで少しずつできるようになることもあり、また③自分の得意なことでカバーできることもあることを知ることです。そして、自分の場合はどうするとよいか、どのように他者に説明して理解してもらい社会の中で生活していくか、を考えていくスタートラインに立つことです。これを、子どもたちにわかる言葉で説明することも重要です。

否定的な自己イメージを持ち続けてしまうと、また「ダメな自分」を指摘されるのではないかという構えができ、他者が自分に向けた言動や態度を必要以上に被害的に感じてしまうようになります。社会と触れ合うことを拒否したり、被害感から攻撃的な行動に出てしまったり、対人関係を悪化させてしまうことも稀ではありません。一方、肯定的な自己イメージは、精神的安定を図るためにも重要ですし、さまざまなことに意欲的に取り組んでいく糧となります。具

体的に自分の「得意なこと」に目を向け、自分が自信をもっていい部分があることを実感することができるように、支援者も子どもの「得意なこと」に目を向けていくことが必要です。「得意なこと」の把握は、「苦手なこと」に向き合い、対処の仕方を考えることをエンパワーします。

　介入を始める段階では、まだ診断を受けていなかったり、診断を受けていたとしても告知を受けていない子どもがほとんどです。自分の抱える困難の要因や独自性が、自分がもともともっている特性によるものという理解も十分ではありません。この時期の介入は、特性の一部は障害に由来するものという理解の仕方を進めるより、自分の特徴・個性として扱いながら、自己理解のステップを踏んでいくことになります。

● 得意なこと・苦手なことを理解する支援の実際

　我々が実施している「自己理解プログラム」（44頁の図1-5、6、118頁の写真参照）を参考に実際の支援について説明します。先に述べたように、子どもによっては、「得意なことは人よりとくに秀でたこと」と思い込んでいることもあり、まずは、「得意」「苦手」について、それぞれの意味を確認した上で、自分の場合について考えてもらうことは重要です。「得意」「苦手」についての考え方は人それぞれかもしれませんが、プログラムの中では、次のように得意なこと・苦手なことを説明しています。

〈得意なこと〉	自分が「これはできる（自信がある）」「うまくやれる（気持ちよくやれる）」と思うこと
〈苦手なこと〉	自分が「これはできない・やりたくない」「これはうまくやれない（思うようにできない）」と思うこと

その上で、生活面、対人関係面、学習面で得意なこと・苦手なことを、チェックリストなどを使って考えます。自己イメージが否定的な児童の場合、概念の共有をしても、どうしても「得意なこと」を主体的に見つけられません。その場合は、支援者から客観的な情報や指標を伝えたり質問したりしながら、本人が気づいていない部分を意識化できるように、丁寧に拾っていきます。

別府（2010）は「できる」自分と「できない」自分の両方を周囲に受け止めてもらえる経験を保証することの必要性を指摘しています。自分の得意・苦手について支援を受けながら理解を深める中で、得意なことも苦手なこともみなそれぞれあり、それでよいことを体感できるとよいでしょう。

● 好きなこと・嫌いなことがわかる、快適な生活のために

社会生活が得意ではなく、工夫や努力をして生活しながら生活している子どもたちにとって、自分の「好きなこと」を知っておくことは重要です。好きなことをする・考えることで、ストレスがたまったりイライラしたりしたときに少し気持ちを軽くしたり、余暇活動として自分の好きなことをするような時間を計画的にもつことで、精神的な健康の維持をはかることもできます（詳しくは4節「怒りのコントロールとリラックス」で扱います）。このとき、さまざまなジャンルの「好き」があると、より柔軟かつ快適に過ごせます。

● 好きなこと・嫌いなことを理解する支援の実際

実際の支援について考えてみましょう。特定の内容のゲームや本にこだわりを持ち、その話をいつも楽しそうに語っていた小学校6年生の知的に遅れのないASD児の男の子は、自己理解支援プログ

考えてみよう！

自分の好きなものは？？きらいなものは？？ってきかれること、ときどきありますよね。好きってどういうことかな？？きらいってどういうことかな？？

「好き」をあらわすものには、赤シール、「きらい」をあらわすものには、青シールをはってみよう

きにいっている
見たくない（さわりたくない）
うれしくなる
たのしくなる
やりたくない
自信（やれるぞ！という気もち）がある
イライラする
ほっとする
いやだと思う
つらくなる（きもちわるくなる）
わくわくする

好き、きらいといってもいろいろな種類があります。種類ごとに考えてみましょう！種類によっては、「きらいなものはない」「すきなものはない」ということもあるかもしれません。

種類	好き	きらい
食べもの		
スポーツ（うんどう）		
べんきょう		
あそび		
お家ですること		
色		
生きもの		

図3-1　好き・嫌いワークシート

ラムで「好きなこと」についてじっくり考えた後「自分にも好きなことがあるんだなあ」と感想を述べました。発達の気になる子の中には、「好きなこと」「嫌いなこと」の感覚・自覚がうまくつかめない子どももいます。まずは「どんなこと？」ということから確認する作業があるとよいでしょう。

自己理解プログラムでは、たとえば「きにいっている」「たのしくなる」「見たくない（さわりたくない）」「いやだと思う」といった「好き・きらい」どちらかの感覚に当てはまるキーワードをランダムに並べた一覧を提示し、「『好き』を表すものには赤い印、『嫌い』を表すものには青い印をつけてみましょう」と教示し考えてもらいます（図3-1）。次に、自分は何が好きか・嫌いかについて「食べもの」「スポーツ」「あそび」など分野ごとに考えてあげてもらい

ます。こだわっていることだけに意識が向いてしまう場合もあるため、さまざまな分野について考えてみるように促します。そして最後には、分野を超えて好きなこと・嫌いなことを上位3つずつあげるように促します。

　このとき、好きなことには、ある動物の「生態について調べること」など、同学年の子どもではなかなか共有しにくいことが表現されたり、嫌いなことの中には「シャキシャキした食べ物」「字を書くこと」といった感覚過敏や不器用さに関することが含まれたりするでしょう。それが自分に「独特だ」と感じ始めている場合、表現に抵抗を示すこともあるかもしれません。彼らが安心して表現できる場を提供することが大切です。

　似たタイプの子どもたちが集まる小集団での活動の一環としてこのテーマを扱うと、自分だけ「独特だ」と思っている好きなことを、同じように好きな子が見つかって話がはずむこともあります。その際、自分のことを他者に向かって話してみることの良さも感じることができると、自分を知りたい・伝えてみたいという動機付けにもなるでしょう。もちろん、そうした感覚を支援者に共感してもらうことも有益です。

文献

別府哲（2010）「発達障害児者の自己理解と支援」『小児の精神と神経』50、
　　155-157

石川道子（2015）「義務教育終了までに学んでほしいこと」『アスペハート』
　　3976-82

木谷秀勝（2014）『子どもの発達支援と心理アセスメント――自閉症スペクト
　　ラムの「心の世界」を理解する』金子書房

永田雅子監修、田倉さやか・吉橋由香（2012）『「自分について考える」プログラムワークブック──子ども用』NPO法人子育て支援を考える会TOKO TOKO

田倉さやか・吉橋由香・永田雅子（2012）「発達障害児のための自己理解プログラムの開発（1）──子どもを対象としたグループアプローチ」日本心理臨床学会第31回秋季大会発表論文集

田中真理・廣澤満之・滝吉美知香（2006）「軽度発達障害児における自己意識の発達──自己への疑問と障害告知の観点から」『東北大学大学院教育学研究科研究年報』54、431-443

＊本章でとりあげた自己理解プログラムの開発は、名古屋大学平成23年度地域貢献特別支援事業およびJSPS科研費（研究課題番号：24730600）の助成をうけて行ったものです。「自分について考える」プログラムワークブックは、子ども用・親用・実施マニュアルセットがあります。詳細につきましては、下記名古屋大学心の発達支援研究実践センター永田研究室HPよりお問い合わせください。http://www.nagatalabo.org/ お問合わせ

2 自分のよいところを知る

● 自分のよいところに目を向けにくい子どもたち

　発達の気になる子どもたちは、集団生活の中で「うまくいかない」「よくわからない」という体験をしていることがよくあります。そのために叱責されたり、他者からからかわれたりということもしばしば起こります。そうした体験を繰り返すことで、子どもの自己評価が下がってしまうということはよく言われていることです。
　彼らは、他者からの評価や、テストの点数や順番などのとてもわかりやすい指標によって、自分の特徴を把握しようとする傾向があります。たとえば、テストの点数が「60点だった」、かけっこの競争をしたら、「3番だった」ということで「自分はダメだ」「できないんだ」と感じてしまうこともあるのです。また、まわりから見ると「たった1度できなかっただけなのに」「1個間違えただけなのに」と感じてしまうような些細な失敗にこだわってしまうこともあります。このように、自分が失敗したことや、うまくできなかったことなど否定的な側面に執着してしまう傾向もあるため（小島, 2010）、自分ができているところやよいところに意識を向けにくいということがあります。
　ただ、「できているところ」「よいところ」というと、どうしても他者と比較して優れているところ、特別できていることという印象をもちやすいものです。しかし、誰にとっても同じことですが、実際には私たちは誰かと比べて優れていたり、特別できることをたく

さんもっているわけではありません。それよりも大事なことは、子どもたちが日常生活の中で当たり前にできていることに目を向け、それこそがよいところで大事なことであることを理解し、自分が努力しているところなどよい側面に意識を向けてもらうことであり、そうした働きかけを意識的に行っていくことはとても大事な支援になります。

● 支援の実際

「自己理解プログラム」のワークの中では、子どもたちに表3-1のような説明をしています（表3-1）。こうした説明をした後に、例を見せながら、前日の１日を振り返ってもらって、起床から就寝までどんなことをしたか書き出してもらいます（図3-2 書き出しの例〈見本〉）。そうすると、たとえば、「お手伝いで新聞を取りに行っていること」や、「お母さんと約束をして宿題を終わらせてから遊びに行くこと」など、子どもたちが日々取り組んでいることが浮かび上がってきます。もっと単純なことでいえば、朝食後、夕食後に歯

表3-1　ワークの中での説明

「よいところ」「頑張っていること」というのは、誰かと比べて「特別に何かできる」ということをいうのではありません。毎日の生活のなかで、あなたが「きちんとできていること」でもあります。「きちんとできている」というのはたとえばこんなことです。

　　①続けてできていること
　　②そんなにやりたいことではないけれど、必要だからやっていること
　　③おうちの人と約束して、守っていること

「当たり前」のことのように思えますが、このように「きちんと」できていることはあなたの「いいところ」でもあります。

さとる君の1日

午前 6：30　おきる（おはよう！）
　　　7：00　ラジオ体そう
　　　8：00　朝ごはんのじゅんび
　　　　　　朝ごはん　はみがき
　　　9：30　夏やすみの友と、くもんの宿題
　　　11：00　テレビ
　　　12：00　お昼ごはん
　　　　　　おさらの片づけ
午後 1：30　ゲーム（ＤＳ）
　　　2：00　サッカーのじゅんび
　　　2：30　いるかグランドに出発
　　　3：00　サッカーのれんしゅう
　　　5：30　きたく
　　　6：00　おふろ
　　　7：00　夕ごはん（のこさず食べた！）
　　　　　　おさらの片づけ
　　　8：00　テレビ
　　　9：00　はみがき　パジャマに着がえ
　　　9：30　しゅうしん（おやすみなさい）

（吹き出し）
- 朝おきて体そうにいくなんてすごい！
- はみがきもできているね！
- めんどうな宿題もしているなんてすごい！
- おてつだいもしているんだね！
- ゲームも30分ときめてしているんだ！
- ごはんをのこさず食べるなんてすごい！

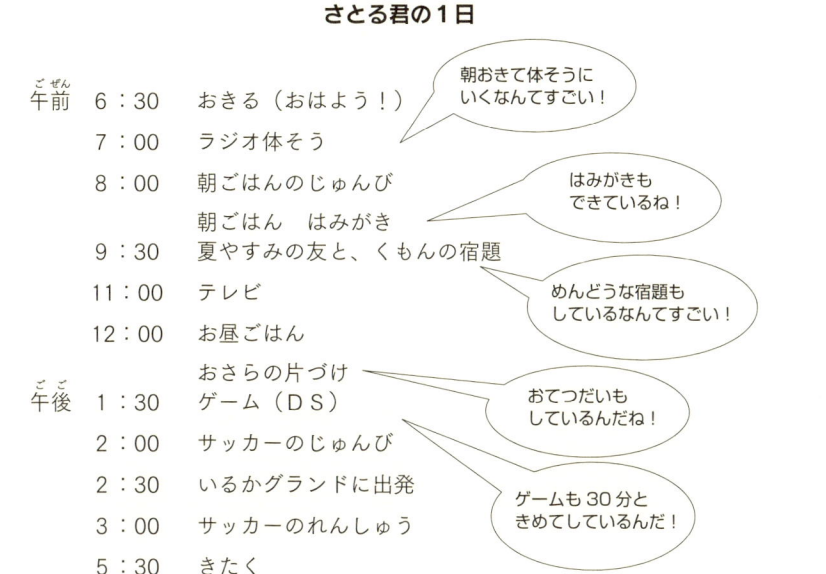

さとるくん、たくさん「がんばっている」ことがあったね！
◎さとるくんが好きでがんばっていること……サッカー
◎続けてできていること……ラジオ体操、歯みがき
◎そんなにやりたいことではないけど、必要だからやっていること
　　　　……夏休みの宿題
◎おうちの人と約束をして、守っていること
　　　　……お手伝い、残さず食べる、ＤＳの時間

図3-2　1日の振り返り　書き出しの例

磨きをする、家族に「おはよう」「おやすみ」など挨拶をする、ご飯を残さず食べる、といったことも出てくるでしょう。こうしたところを拾い上げながら、「当たり前」に思えることを続けていることこそが実はあなたのとてもよいところであるということを伝えていくことも、子どもたちができないところだけでなく、できていることがたくさんあることを意識していくために重要なことになります。

　また、「がんばっている」というのも実は子どもたちにとってはとてもわかりにくい表現でもあるようです。私たちは何気なく「がんばって」「がんばろうね」といった表現を使っています。しかし、「がんばっている」という言葉は、子どもたちに「人一倍努力していること」というようなニュアンスでとらえられることも少なくないようです。そう考えてしまうと、なかなか「自分ががんばっている」ことを思い浮かべるのは難しいものです。

　「自己理解プログラム」を実施している中で、ある男児は「別に何にもがんばっていない」とつぶやきました。よくよく話を聞いてみると、習い事も部活もしていないし、宿題も忘れるときもあるなど、自分が「していない」「できていない」ことに目を向けてしまっているようでした。しかし、プログラムの中で、「あなたががんばっていること」というテーマで母親から手紙をもらうと、なかには、毎朝自宅で飼っている熱帯魚に餌をあげたり、水槽の掃除をしていることや、遅刻・欠席なく学校に通っていることなど、日常生活の中で本人ががんばっていることがたくさん書かれてありました。それを読み、彼は「ふーん」とそれ以上の発言はしませんでしたが、それまで仏頂面だった彼の表情は和らいでいました。また、最後の振り返りのときに「自分にもがんばっていることがあることがわかった」と話してくれました。

● 子どもが「当たり前に」できていることに目を向ける

　往々にして、私たちは「がんばれ！」などと激励はするものの、その後の評価を忘れてしまうことがあります。ましてや、「これぐらいはできて当たり前」と思っていることを褒めるということはしません。発達が気になる子どもの場合、保護者も支援者も、同年代の子どもたちと比べてうまくできない「課題」に目を向けがちですが、他者との比較でもなく、人一倍の努力でもなく、子どもが当たり前にできていることにこそ目を向けて、それを認めて評価していくことが、子ども自身が今の自分を認めることにつながるのではないでしょうか。自分のよいところに気づいたり、それに対して自信を少しでももてれば、難しいことにもチャレンジしてみようと思う力を育てることになります。もちろん、あることに対して集中的に取り組んでいたり、苦手なことにもチャレンジしていたりすることもあるでしょうし、それに対しては「よくがんばったね」という抽象的な評価ではなく、具体的にどのように取り組んでいることがすばらしいのかをきちんと評価してあげたいものです。

　この課題は実は、支援者側の課題でもあります。支援者自身が自

分のよいところを言葉にできるでしょうか？　自分ががんばっているところ、自分のよいところを臆することなく他者に伝えられるでしょうか？　同じようなワークを支援者の方たちに実施すると、「これがよいところだ」と自分でいうことが恥ずかしい、「こんなことがよいところになるのだろうか」と自信がもてないといったお話を聞くことがよくあります。発達の気になる子どもの自己理解を考えるとき、支援する側の自己理解も問われています。自分自身のよいところを把握し認めるところから、子どものよいところを認めることが始まるといっても過言ではありません。

文献

小島道生（2010）「第Ⅱ部　自尊心を大切にした支援の実際　第5章　自尊心と高機能自閉症」別府哲・小島道生編『「自尊心」を大切にした高機能自閉症の理解と支援』有斐閣選書

3 気持ちと身体について知る

● 自分の気持ちと身体について知ることが難しい背景

　自分の感情を理解することは自分の体験を豊かにするだけでなく、自己コントロールとも密接に関わっており（塚本, 1997）、怒りや悲しみ、不安・緊張などといった社会生活上トラブルのもとになりやすい負の感情コントロールスキルを習得する土台となると考えられています（宮地, 2009）。

　楽しい・うれしいなどの快の感情を理解し感じることは、前向きな考え方やモチベーションをもって生活することに繋がります。負の感情というものは付き合いにくいものですが、危険に直面したときに対応する態勢を作って危険から身を守るためにも重要な働きをしますし、把握することで自分の状態を知り、原因を考えて対処したり、悪循環を予防することで、無理をしすぎずに健康を維持したりしていく手がかりにもなります。

　また、ストレスマネジメント教育でもよく行われますが、感情と連動して起こる身体反応の感覚（たとえば、緊張すると動悸がするなど）について感情と一緒に理解できると、より深い感情理解を促進し、その後の感情や行動のコントロールにも役立てることができます。

　発達の気になる子どもたちは、自分の感情を理解することと身体の感覚をつかむことも苦手であるといわれます。小学校4年生の知的に高いASDの男の子で、よくけんかし、怒りでパニックになる

と相手を殴ってしまう子がいました。「そのときはどんな気持ちなの？」と聞くと「頭が真っ白になってしまうので、よくわからない」と答えました。本人は一生懸命振り返るのですが、ピンと来ないのです。ほかの事例でもしばしば見受けられることですが、そもそも「気持ち」というものがどういうものかを感覚的・直感的につかみにくいところがあります。さらに、発達の気になる子どもの場合、感情を表す言葉の意味、状況、表情、身体の感覚の認知が断片的でそれらをつなぎ合わせることが苦手ででもあるようです。どうやら自分は怒ったらしいということがわかっても、どうして叩いてしまったのか、どういう状況だったのか……後から一緒に振り返ってもうまく整理できないことがよくあります。

　これらは、生来の社会性の問題から生じることでもありますが、これまでの実践からは、彼らに合った形で支援していくことで、少しずつ感情と身体の感覚を理解できるようになるといわれています。

●「よくわからない」感情を理解できるようにする支援の工夫

　発達の気になる子が感情を理解できるように支援をしていくときには、はじめに、感情は誰もが抱くものであること、不快な感情が生起することは自然なことであると説明する必要があります。また、気持ちをつかめるようになることは楽しいことで、将来的には、不快な気持ちとも付き合えるようになることにつながるといった学習するメリットを伝えられるとよいでしょう。「よくわからないこと」を考えるため、抵抗や苦痛を感じることがあるからです。

　また、習得プロセスで、実際に安心して理解していけるようにするためにも、快感情の学習から始めることも大切です。支援者は、感情の理解と共に、子どもたちが自分の感情を受け入れる態勢を作っていけるようにサポートしていく必要があります。

感情を理解・共有し、ゆくゆくは自分でコントロールしていくことができるようになるためには、自分の感じている感情や身体感覚を言語化（ラベリング）することが重要です。支援を行う時には、そのつなぎ合わせができるように、丁寧に扱っていきます。学習の初めの段階では、実際に気持ちが変化するような活動（ゲームなど）を用い、その場で感情と身体感覚を扱い、言語化したりします。概念がある程度理解できてきたら、実際に起きたできごとを振り返って整理したりして、概念と実際の体験のすり合わせを行い、実感をもって理解できるよう工夫して支援します。

　発達の気になる子どもたちは、あいまいな情報がとても苦手です。学習内容のあいまいさをできる限りなくしていくために、表情や身体感覚、状況を視覚化したり、数量化・数値化して扱ったりする工夫も必要です。たとえば、感情の度合いを温度計やゲームのパワーレベルに見立てる、コミック会話を利用するなどの方法があります。

　支援を行っていると、不快な感情をすべて漠然と「いやな気持ち」ととらえて感情理解が進まない事例、不安であっても困っていても「怒ってしまい」、感情が分化しにくい事例などに出会います。自己の、とくに不快な感情に向かいにくいと感じる場合には、紙芝居や絵本、物語を作成し、他者が主人公ではあるけれども自分にもあてはめやすいシチュエーションについて考えてみることから始めていくのもよいでしょう。

　また、感情よりも身体の感覚のほうがつかみやすい子どもには、身体の感覚の学習から始め、徐々に感情をつかんでいけるようにアプローチすることもできます。

● **支援の実際**

「自己理解プログラム」は宮地・神谷・吉橋・野村（2008）の感情理解プログラムとNPO法人アスペ・エルデの会（2007）のワークシートを踏襲・簡略化して感情理解の支援を行っています。プログラムでは、体を使って楽しめるゲームを行い、そのときの感情や身体感覚を共有することを皮切りに、まずは感情と表情のつながりの学習から始まります。表情は比較的共有が図りやすく、見てわかりやすいものですので、低年齢の場合はとくに、ここから取り組むとわかりやすいでしょう。福笑いのように顔の輪郭とさまざまな形のパーツ（眉、目、鼻、口）を用意し、感情を表す言葉（導入なので、怒っている、うれしいなど代表的なものに絞る）に合うように楽しみながら表情を作ってみる課題を行っています。一つの感情を表す表情も、人それぞれですし、いろいろなパターンもありますので、複数人のグループで取り組むようなことができる場合には、それぞれが作った表情を比べたり、2人ペアで表情を作り上げる作業を行うことで、共通するところ、異なるところを考えてみることも、感情の表現のバリエーションを広げるために有効です。このとき、表情を見るときの着眼点に気づいたり、作成した表情と同じ表情をしてみながら具体的に「怒ってるときの口、こうなってるけど、これ、力がぐっと入ってるよね」など身体の感覚とつなぎ合わせるように、その場で体感したりすることもできます。

次に、ほかにもいくつかの感

情を表す言葉がさまざまあること、それらが大まかに「いい気持ち」と「いやな気持ち」に分類できることを伝え、実際に分けてみる作業をします。言葉だけで扱うとわかりにくい子どもの場合は、表情カードなどを用いて行います。この場合、感情を表すことばと表情カードのマッチングをしながら行います。高学年の児童など、言語のみで行える子どもの場合も、カードやチェックリストを用いて、視覚的にも整理していくプロセスが見えるようにします。この段階のために「自己理解プログラム」では、表情と感情語のカルタを準備しています。

　感情の種類などが概念的にわかってきたところで、今度は、「喜び」「怒り」「不安・緊張」「リラックス」の感情について、具体的な例を複数挙げて（たとえば、テストで100点をとって褒められたときなど）、自分ならうれしいか、どの程度うれしいのかを考えます。例に挙げた以外に、自分の場合どんなときにうれしいか、なども取り上げます。状況をつかみにくい場合には、先にあげたように紙芝居などを用いることも有効です。このとき、感情の強度（ちょっとうれしいのか、とてもうれしいのかなど）を、数値化するなどして考えます。同じ感情でもレベルがあることがわかり、自分で把握できるようになると、弱い段階での不快な感情をキャッチし、感情が爆発する前に対処することができるようになります。また、感情の強度を他者と共有できると、同じことに対しても人によって感じ方が違うことも理解ができます。複数人のグループで支援を行うときには、ホワイトボードに書かれた感情のレベル表に自分の名前のマグネットを張って、それぞれの感じ方の違いなどを共有します。

　そして、それぞれの感情が生起した場合、自分の身体的変化はどうかについて考える課題を行います。身体感覚については、チェッ

表3-2　身体感覚チェック項目例

●どきどきする	●声が小さくなる	●おなかが痛くなる
●呼吸が速くなる	●早口になる	●汗が出る
●呼吸が深くなる	●ゆっくり話す	●そわそわする
●力が入る	●頭に血が上る	●のどがかわく
●だらっとする	●暑くなる	●その他
●声が大きくなる	●体が冷える	
●声が高くなる	●歯を食いしばる	

表3-3　気持ちの日記

例）○月×日（△曜日）

今日はどんなことがありましたか？	その時、どんな気もちになりましたか？
〈よかったこと〉 友だち3人と、ゆうすけ君のうちにあそびに行ってゲームをした。その後、近くの公園で、みんなとキャッチボールをした。	㊉うれしい㊉／㊉楽しい㊉／かなしい／さみしい くやしい／イライラ／ムカムカ／自分はだめ その他（　　　　　　　　　　　）
〈いやだったこと〉 みたかったマンガが、お父さんが野球の試合をテレビで見ていたので見れなかった。	うれしい／楽しい／かなしい／さみしい くやしい／㊉イライラ㊉／㊉ムカムカ㊉／自分はだめ その他（　　　　　　　　　　　）

クリストなどを利用して感覚を探り当てていくことをするとわかりやすいかと思います。表3-2にチェック項目例を挙げてみました。

　リラックスの感情を扱うときに、実際に深呼吸をしてみたり、力を抜く体験してみたりすることで、身体の感覚をつかむ練習を行います。過敏性の有無がないか慎重に確認する必要がありますが、小泉（2011）も指摘しているように、発達の気になる子のうち、身体感覚がうまくつかめない子で、動作法などを用いて、実際に力を抜くことをサポートしてもらうことで、感覚がつかみやすくなる子どももいるようです。子どもに合わせ、実感がもちやすいようにアプローチします。

　支援と連動し、日常生活の中で、周囲の人に気持ちを聴いてもらったり代弁してもらったりするとよいでしょう。「気持ちの日記」（表3-3）をつけて、自分の感情に意識を向けていくと、より理解が深まるでしょう。

文献

宮地泰士・神谷美里・吉橋由香・野村香代・辻井正次（2008）「高機能広汎性発達障害児を対象とした感情理解プログラム作成の試み」『小児の精神と神経』48, 367-372

NPO法人アスペ・エルデの会（2007）『いろんな気もち』

塚本伸一（1997）「子どもの自己感情とその自己統制の認知に関する発達的研究」『心理学研究』68（2）、111-119

小泉晋一（2011）「ほどほどのリラックス」　辻井正次（編著『特別支援教育実践のコツ』55-60

4 怒りのコントロールとリラックスの方法を知る

● 怒りが爆発してしまう子どもたち

　3節で扱った「気持ち」のうち、本人も周囲も持て余してしまいがちなものが「怒り」の感情です。怒りの感情を抱くことは、その頻度や強度が増すほど、エネルギーを消費して本人も疲弊しますし、表現の仕方が不適切であると周囲との関係も悪化します。

　支援を受けることになる児童は、「怒る」ことに起因する行動により、周囲から「困った」と感じられてしまうことも多く、本人も自分ではどうしようもなく「困って」いることがほとんどです。「怒り」の感情を直感的にとらえることが苦手で、弱いレベルのうちに対処できず、また適切な表出方法もわからず、爆発する形で表出されてしまうことが多いようです。

　怒りの感情がわき上がるのはごく自然なことで、それをどのように表現するか、付き合うかが重要であることを伝えるところから支援は始まります。

● 子どもたちにあった怒りのコントロール方法

　怒りのコントロールの支援の仕方として代表的なものとして、認知行動療法論的な介入とリラクセーション法およびアクティベーション法を用いた介入方法があります。

　認知行動療法では、ある出来事に遭遇したときに生じる、感情、認知、行動を分けてとらえ、3つが相互に影響しあっていると考え

ます。怒りのコントロールの認知行動療法論的支援では、「認知」つまりものごとのとらえ方や考え方を変容させることで、そのときの怒りのレベルを下げたり、その後の行動スタイルを変えたりすることを目指します。知的な遅れのない発達のアンバランスを抱えた子どもたちの場合、直感に頼らない論理的なこの手法が適しているようです。ただし、どのような状況で自分が怒ってしまうのか、そのときどんな行動をとるか、といったことをモニタリングできるようになっていることが必要です。怒り以外の感情についてもある程度の理解ができていることも前提となります。怒りのコントロールの支援を始める際に、感情の理解と状況の把握が難しいようでしたら、2章で取り上げた感情の理解の支援からスタートすることをお勧めします。

　リラクセーションとは心身の緊張を緩めることをいい、そのための技法をリラクセーション法といいます（小泉, 2012）。リラクセーション法は、怒りのコントロールに有効であるといわれています。怒りの感情に直接アプローチするというより、心身の緊張をコントロールした結果、怒りが鎮まります。認知行動療法論的介入を行う場合も、効果が出るまでには時間を要するため、このリラクセーション法を併用し自己効力感を高めながら支援を進めると効果的です。

　リラクセーション法にはさまざまなものがありますが、怒りのコントロールの支援の中では、呼吸に合わせて身体の力を抜く方法、イメージ法など、子どもが実生活で使いやすい簡便な方

法を採用するとよいでしょう。とくに、イメージ法の適用は、発達障害の子どもたちにとって安全で効果が出やすいことが指摘されています（小泉, 2008, 2009）。イメージ法では、好きな景色を想起・イメージしたり、楽しい場面を想起・イメージしたりすることで心身のリラックス状態を作っていきます。1節の「好きなこと」の理解、2節の「喜び」や「リラックス」の感情と場面の理解が役立ちます。

　いずれのリラクセーション法においても、学習場面などにおいては、ほどほどのリラックス感が得られる程度（5分以内）で行うことが大切だといわれています。適度な覚醒状態を保つことでパフォーマンスを維持できるということです（小泉, 2011）。注意点として、発達のアンバランスさのある子どもの中には、身体感覚をとらえることが著しく苦手で身体の力を抜く形でのリラクセーションがかえって苦痛になることもあるようです（小泉, 2008, 2009）。どのようなリラクセーション法が適切かどうか、子どもの状態を確認しながら決定する必要があります。

　アクティベーション法は、身体活動や運動を行うことにより、身体を活性化させ、覚醒水準を最適な水準まで戻すことで、ストレス反応を軽減させる方法です（中田・石原, 2011）。発達が気になるかどうかに限らず、子どもにとっては取り入れやすい方法で、すでに本人が取り入れている場合もあります。

● **支援の実際**

　筆者らは、アトウッド（2000）を参考に、認知行動療法、リラクセーション法、アクティベーション法の3つのアプローチ方法を取り合わせた介入方法を実施しています。基本的には、怒りの感情についての整理、怒りの感情をコントロールすることに関する知識とスキルを習得できるように心理教育を行いながら進めます（吉橋・

宮地・神谷・永田・辻井，2009）。なお、怒りの感情についての整理については、3節の"感情の理解の方法"を参考にしていただくこととし、この節では知識とスキルの取得について取り上げたいと思います。

　知識としては、明翫（ミョウガン）(2011)が述べるように、気分は変えられるということ、怒りをコントロールすることのメリット、そのためにスキルが活用できることなどを伝えます。このことを明示されることで、自分の課題としての意識、何をするのかの目的意識をもつことができ、課題へのモチベーションを向上させることができます。

　怒りのコントロールのためのスキルは、視覚的にも理解しやすいように、ワークシートを作成して心理教育を行います。扱うスキルの種類は、深呼吸のように力みをとったり、怒りを発散させるような運動を行う「身体活動」（リラクセーション法とアクティベーション法）、趣味など気分を切りかえるための「活動」、言い分を聞いてもらったり慰めてもらう「人とのかかわり」、好きな物などを「イメージ」すること（リラクセーション法のうちイメージ法）、怒りを鎮めるような「考え」（認知行動療法）に分けて設定します。大まかな流れを表3-4にまとめました。

　趣味など気分を切りかえるための「活動」では、漫画を読んだり、絵を描いたりと子どもであれば日常的な遊びが取り上げられることが多いでしょう。また「人とのかかわり」では友達やきょうだいと遊ぶことなどその活動自体が有効である場合もありますし、親や先生に相談したり、話を聴いてもらったりと、援助を求めるものである場合もあります。「イメージ」では、具体的に自分がリラックスしている場面を取り上げることが多いようです。よって、自分の「リラックス」感情について理解が深まっていることが前提となります。「考え」については、ある程度の言語能力と知的能力、客観

表3-4　怒りのコントロールの支援の流れと内容

	内容	目的
導入	怒りの感情の必然性、コントロールすることの意義	怒りの感情が生起することの正しい理解とこれから学習することの意義（怒りのコントロールの可能性）の説明
怒りの感情について整理	うれしいこと、リラックスについて	快の感情の理解、表情と身体感覚の確認。感情が生起する場面を提示（チェックリストなど）・想起（自由記述）し、その強さを点数化したり段階付したりする。また、身体感覚のチェックリストを利用してそのときの自分の身体感覚を確認したりする
	「怒り」について	「怒り」の感情の理解。方法は、快の感情に同じ 自分がどんなときに怒り、怒ったときには体はどうなるか
気持ちを落ち着かせるスキル	①身体活動（体を動かして落ち着く方法）	ジョギングなどスポーツ、深呼吸、筋弛緩法などリラクセーションも扱う
	②活動（好きなことをして落ち着く方法）	趣味の活動をして気分を切り替えたりして、怒りの元から心理的距離を置く方法
	③人とかかわることで落ち着く方法	学校場面や家庭で怒りを感じたときに、誰とどのようにかかわると落ち着くかについて考え、それを実行するにはどのようにその対象にかかわっていったらよいか、について考える。「困る」感情を理解し、SOSを求める力も反映される
	④イメージ法	好きな景色やもの、好きなことしている場面やリラックスする場面などを思い浮かべて落ち着く方法。視覚に限らず、嗅覚・聴覚・触覚・味覚何でもよい
	⑤考え方（客観的な見方をできるようにする方法、不適切な考えをより適切な考えにする方法）	怒りを増長させるようなネガティブな考え方を、怒りの感情を軽減するようなポジティブな考え方に転換する練習。一覧を提示し、自分の怒りを増長させる考えを選び、ポジティブな考え方に変えてみる。 例）いつもうまくできない 　　　　→　次は、きっとうまくいく
スキルを使う練習	自分が実際に怒ったエピソードを取り上げ、使えそうなスキルを検討する。日記を活用し、実際に日常生活の中で生じた怒りの場面と、使ったスキルを記録していき、自分にとって有効なスキルを確認する。	実際に怒ったときにどのようなスキルが使えるのか考える。学習内容を日常生活に汎化する

出典：吉橋由香・宮地泰士・神谷美里・永田雅子・辻井正次（2008）「高機能広汎性発達障害児を対象とした「怒り」のコントロールプログラム作成の試み」『小児の精神と神経』48、59-69より改変。

的視点の獲得が必要です。根本的に怒りにくくすることもできるため、重要なスキルではありますが、子どもによっては理解が難しいかもしれません。扱うことが適切かどうか、子どもの状態のアセスメントをよく行い、判断することが大切です。

> **事例**
>
> 　知的な遅れのない自閉スペクトラム症（ASD）の小学校4年生のユウト君は、学校で友達とちょっとしたことでけんかになってしまいます。すると怒りの状態が続き、授業が受けられなくなることもありました。相手が謝ってくれてもどうしても怒りが収まらず、自分でもそれを何とかしたいと思い、集団でのコントロールプログラムに参加しました。支援の開始当初、自分の好きなこと、うれしいと感じることについて答えるのが難しく、感情そのものの感覚がつかめていない様子でしたが、怒りの度合いを数値化するなどの作業を通して、怒りの感覚をつかみ始めました。学校で有効なスキルとしては、好きなぬいぐるみの感触をイメージすること、窓の外の景色を眺めること、先生に話をきいてもらうことでした。家では、ゴロゴロして過ごすと気分を変えることができました。怒りの感情がつかめると、使えそうなスキルを積極的に使うようになり、同時に、コントロールの実感を得たこともあり、コントロール支援の中では、どんどんその状況にあったテクニックを具体的に考えることができるようになりました。

　このように、家庭、学校それぞれで使えるスキルを具体的に取り上げるようにサポートしていくと、子どもたちは実行に移しやすくなります。実際に生活の中でスキルを使う練習を行い、支援場面で

振り返りと現実とのすり合わせを行っていくことで、効力感を持つことができ、さらなるスキルアップにつながります。

　また、いずれの知識・スキルの取得の段階でも、直感的な感情理解の苦手さに配慮します。受け手によって解釈が異なるようなあいまいな記述を避けた形で言語的に学習内容を明示し、知識として蓄えていけるように課題を設定して支援を行います。課題を通して自己の感情体験と概念を結び付けていけるように、実際の経験を活用していくことも大切です。

文献

小泉晋一（2007）「高機能広汎性発達障害児に対するリラクセーションプログラムの作成」『岐阜聖徳学園大学教育実践科学研究センター紀要』7、269-280

小泉晋一（2009）「高機能広汎性発達障害児に対するリラクセーションプログラムの作成（2）」『岐阜聖徳学園大学教育実践科学研究センター紀要』8、251-262

小泉晋一（2011）「ほどほどのリラックス」 辻井正次（編著）「特別支援教育実践のコツ」55-60

明翫光宜・飯田愛・森一晃・堀江奈央・稲生慧・中島俊思・辻井正次（2011）「広汎性発達障害児を対象とした「気分は変えられる」プログラム作成の試み」『小児の精神と神経』51（4）、377-385

中田伸吾・石原俊一（2011）「心臓血管反応に対するリズムゲームのアクティベーション効果」『生活科学研究』33、57-66

トニー・アトウッド、冨田真紀ら訳（2000）『ガイドブック　アスペルガー症候群』東京書籍

吉橋由香・宮地泰士・神谷美里・永田雅子・辻井正次（2008）「高機能広汎性

発達障害児を対象とした「怒り」のコントロールプログラム作成の試み」『小児の精神と神経』48、59-69

5 困っていることのSOSを出す

● 上手にSOSを出すことが難しい子どもたち

　発達の気になる子どもたちは、認知、興味関心の偏りや、コミュニケーションの苦手さなどによって、とくに集団生活の中で「困ってしまう」場面が多いものです。たとえば、学校で忘れ物をしたことに気づき、教室から飛び出して家に取りに帰ろうとしてしまう、テストの問題がわからず床に横になってしまうなど、子どもにとってみれば「困った」事態に陥っているのですが、その対処の方法が周囲から見ると適切でないこともあります。自分が「困っている」ということを自覚するには、自分自身の感情や身体感覚の理解、状況の理解力が必要になりますが、子どもの発達段階によって、「困っている」と自覚し対処する前に、泣いたり怒ったり、パニック状態になってしまうということもしばしば起こります。そうすると、周囲もそのパニックをおさめることで精一杯になって、本当は「困っている」のだということや、どういう対処をすればよかったかということを丁寧に伝えることが難しい場合もあるでしょう。なかには言語的なやりとりや理解が難しいという場合もあり、そうなるとさらに支援者側の対処に工夫が求められるようになってきます。

　また、集団生活の中でよく起きることとして、ある程度子どもが言語的な理解や表現ができるレベルであると、「困っていることぐらいわかるだろう」「対処方法を知っているはずだろう」という支援者側の先入観によって、本人の困り感が見過ごされてしまうこと

があります。

　あるASDの小学校4年生の男の子は、知的に非常に高く言葉でのやりとりも十分に可能でしたが、グループ活動の一環でメンバーの前で自分の意見を発表することができず固まってしまいました。本人に話を聞いていると、「緊張してどうしていいかわからなかった」と答えてくれました。こちらが、「緊張して困ってしまったんだね。どうすればよかったかな」と問いかけると、「どうもできない。困ったって言うのは恥ずかしいことだから」という答えが返ってきました。周囲にどう思われるかを気にして「恥ずかしい」と思っているのかを確認すると、そうではなく「困っていることを誰かに言うのはとても恥ずかしいことだ」という非常に強い思いが彼の中にあるようでした。自分がうまくできないところをまわりに知られてしまうことに抵抗感を感じることは一つの成長ともいえますが、子どもによっては困っていることを自覚していても、さまざまな対処法をその場に合わせて選択できないということはよくあることですし、大人が思いもよらない子どもなりの理由や信念をもっていたりすることもあり、丁寧に本人の思いを聞く必要があります。

　では、私たちは困ってしまったとき、どうしているでしょうか？まずは、冷静になってみてから考えるところから始める場合もあるでしょうし、誰かに助けを求めるということもあるでしょう。また、あれこれ対処方法を考えて自力で何とかすることもありますし、もしかすると問題をそのままにしてしまうこともあるかもしれません。私たちは自分のおかれた状況を把握し、必要な手段を適宜選択していくことで、社会生活を送ることができています。周囲の人とのかかわり合いを持ちながら生活していかなければならない私たちにとって、こうした力は基本的なスキルといっても過言ではありません。当然のことながら、発達の気になる子どもにとっても、「どう

していいかわからない」ときや「困った」ときに、サインをだせることや人に相談できる力は重要です (別府, 2009)。しかし、発達の気になる子どもたちはこうした力を「自然」に身につけていくことが難しく、時には誤った学習をして不適切な対処方法を身につけてしまっていることもあります。木谷 (2009) は、困ったときの対処方法について小学生年代の間に指導していくことの必要性を指摘しています。

● **支援の実際**

「自己理解プログラム」の中では、本や寸劇などで子どもたちが日常生活で遭遇するような「困った」場面を取り上げながら、下記の3点に重点を置きながら「困った」ということはどういうことかを解説しています。

1) 「どうしていいかわからない」「何て言えばいいかわからない」「何をすればよいのかわからない」と感じるようなことは、自分が「困っている」ということであること。
2) 困ったことを自覚するには、身体からのサインがあること。
   例) 頭が痛い、頭がボーっとする、頭がカーッとする、泣きたくなる、お腹が痛くなる、そわそわするなど。

3) 困っているときには、誰かに助けを求めることができること。

第3章　自己理解の支援

表3-5　困ったときの対処について

困った時にはどうするの？

1) 困ったときは、<u>自分以外の人が助けてくれます。</u>

　☆<u>困ったときは、人に聞くことができます。</u>「どうしたらいいの？」

　☆<u>困ったときは、人にお願いすることができます。</u>
　　　　　　　　　　　　　　「〜してください」「一緒にやって」

　　　　助けてもらえると、気持ちが楽になるね！

2) 困った時の解決方法は1つではありません。

　①気持ちを落ち着かせる　　☆まずは深呼吸

　②少しだけ、自分でもやってみる
　　　　　　　　　　　☆全部ではなくできるところまででOK

　③上手にことわる　　☆「ちょっと難しいです」

　子どもたちの中には、困ってしまってもそのまま何もしないという選択をする場合も少なくないため、こうした状態をそのままにしておくと、さらに不安になったりイライラしたり、わからないことがもっと増えてしまうことにつながることを説明するようにしています。その上で、困ったときには必ず解決方法があることをNPO法人アスペエルデの会のサポートブック（2010）を参考にし、表3-5の資料を使いながら解説しています。

　支援者の「困った」体験などを交えながらこうしたワークをしていると、子どもたちも実際に日常生活の中で困ってしまったときのことや、自分が行った対処について少しずつ話をしてくれます。なかには、自分の力だけで何とか解決をしなければいけないと思っている子どももおり、子どもたちには、困ったことを人に聞いたりお願いしたりするのは困ったときの対処方法としてとても大事な方法

143

であることを確認するとともに、それはとても勇気がいるけれど、すばらしいことで、「恥ずかしいこと」や「カッコ悪いこと」ではないと確認するようにしています。これらは当たり前のことのように思えますが、この当たり前のことを繰り返し子どもに伝えていくことが重要です。

　もちろん、困っていること自体の理解や、言語的なやりとりが難しい場合には、実際に本人が困っている場面で丁寧に対処をしていくことが必要になります。子どもが困っているときの様子にはどんな特徴があるのかを支援者側が把握していくとともに、子どもが表出可能なSOSのサインは何かを探っていくことが求められます。

● 「困った」子ではなく「困っている」子という視点で

　支援者が子どもへの対処に「困った」とき、それは、往々にして子ども自身が何かに「困っている」ときです。子どもはそれをうまく表現できないために、支援者が困ってしまうわけです。支援者が自分の「困った」に振り回されず、子どもの「困った」に目を向け、ともに解決策を見つけていくことが必要不可欠です。

　それと同時に、子どもたちには自分が困ったときには誰かが助けてくれるということだけでなく、自分も誰かを助けていることにも目を向けられるようなサポートが必要です。どうしても「うまくできない」ことが多い子どもたちは、自分が誰かを助けていることがあることまで思い至りません。しかし、話を聞いていけば、「家のお手伝いをしている」「友達が忘れ物をしたときに貸してあげた」「学校を欠席した同級生に配布物を届けた」など、誰かを助けていることも少なくありません。「誰かに助けてもらえる自分」という一方向の見方ではなく、「誰かに助けられたり、誰かを助けたりする自分」という双方向の見方に気づかせるということも支援者の役

割の1つだと考えます。

文献

別府哲(2009)『自閉症児者の発達と生活——共感的自己肯定感を育むために』全国障害者研究会出版部

木谷秀勝(2009)「高機能広汎性発達障害児の発達的変化—— WISC-Ⅲの継続的変化からの分析」『山口大学教育学部教育実践総合センター紀要』28、104-115

NPO法人アスペエルデの会(2010)『どうすればいい？こんなとき、あんなとき』

6 他者から見た自分について知る

● **他者に意識を向けることの重要性**

　一般的に、小学校高学年ころになると子どもたちは、身体的な変化に伴い自分自身に関心を向けるようになるとともに、認知的な発達によって周囲と自分とを比較して客観的に自分を評価するようになるといわれています。発達の気になる子どもたちも、小学校の高学年くらいになると他者からみた自分について気になり始めるということが指摘されていますが（別府, 2007）、それは往々にして否定的な評価になりやすいようです。

　たとえば、ある小学6年生の男児は、自分が同級生と比べて要領よくできないことや、話を聞いていてもすぐに忘れてしまうことなどから、「なぜ自分はこんなにできないんだ」と落ち込んだり、イライラしたりすることが増えてしまったといいます。家族がどんな声掛けをしても、どうしても自分ができていることよりも、できないことの方に意識が向いてしまうようです。

　周囲に目を向けられるようになってきたということは大きな成長ですが、柔軟にさまざまな視点からとらえてみるということが難しい子どもにとって、そこで自分をどのように規定していくかということにはやはり手助けが必要になります。田辺ら（2010）は、とくに自閉スペクトラム症の子どもたちは、日常生活において他者と自分の視点が異なることを理解しがたく、立場を変えて自分をとらえなおすことが難しいため、トラブルを起こしやすいことも指摘して

います。

　多くの人が暮らす社会の中で生きていく私たちにとって、自己は自分の存在だけで規定されるものではなく、常に社会との接点の中で規定されるものです。青年期以降に社会的適応に困難をきたした発達障害者の支援では、自分自身の特徴を理解し他者との関係の中で自分の存在を位置付けることができないことで、支援が困難となっていることが明らかとなっており、早期から自分の特徴や他者と自分との関係を考えていくような支援の重要性が指摘されています（堀，2009；望月，2002）。長期的な視点に立ってみると、発達の気になる子どもたちが、自分のまわりにいる人に目を向け、それぞれが影響を与え合っていることを知ることがいかに重要であるかということがわかります。

● 支援の実際

　自分と他者の関係に意識を向けるということについては、第5節で述べたように、自分が誰かに助けてもらったり、誰かを助けていたりすることもあることに気づけるよう支援することも重要です。こうした話は観念的になりがちで子どもたちには理解しにくいため、さまざまな体験を通して、人はそれぞれに感じていることは違うこと、似ているところもあれば異なるところもあることを理解できることが望ましいと考えます。

　私たちが実施した自己理解プログラムでは、まず自分のまわりにはどんな人がいるかを書き出してもらうところから始めます。その中からひとりを選んで、その人はどんな人か（どんなことをしてくれる人か）を具体的な項目を例示しながら考えてもらうとともに、その人といるとどんな気持ちになるかも考えてもらいます。こうした活動をグループで行うと、たとえば「母親」を選んで考える子ど

もが何人か出てきます。しかし、そこでその母親はどんな人か、一緒にいてどんな気持ちになるかをそれぞれに発表してもらうと、似ているところもあれば、異なるところもあることが非常にわかりやすく見えてくるわけです。それを丁寧に取り上げて子どもたちにフィードバックをしていくことも重要になります。

　こうした活動は実は集団生活を行う学校の中ではとても実践がしやすいものかもしれません。学校ではグループ活動を実施することも多いですし、それぞれが自分の意見を述べることもあるでしょう。「人それぞれ感じ方や考え方は違う」ということは学校の中では折に触れて伝えられていることかもしれませんが、発達の気になる子には全体にではなく、丁寧に個別にまたは小集団の活動の中で繰り返し伝えていくことがとても重要です。

　「自己理解のプログラム」では、いくつかのブロックを使ってある形を作るという簡単なゲームを通して、自分の見え方と相手の見え方は異なること、相手にわかりやすいように自分が見ていることを伝えるにはどうしたらよいかを考えるようなきっかけを作るよう工夫しています。子どもたちが楽しく取り組める活動の中からもこうした気づきを提供できるものもあります。

　また、子どもたち同士の関係ができたところで、自己理解プログラムでは「記者会見」を行っています。子どもたちが一人ひとり会見に臨むのですが、他の子どもたちは「記者」となって、会見をしている子どものことをもっとよく知るための質問をしてもらいます。そうして、「記者」にはその会見をした子どもがどんな人だと思ったかの印象を「取材ノート」（図3-3）に記入し、会見をした子どもに渡すようにしています。そうすると、自分が思っている自分の印象と、記者となった他の子どもたちが自分に対して抱く印象が異なることもあることを知ることができます。ある子どもは、自分のこ

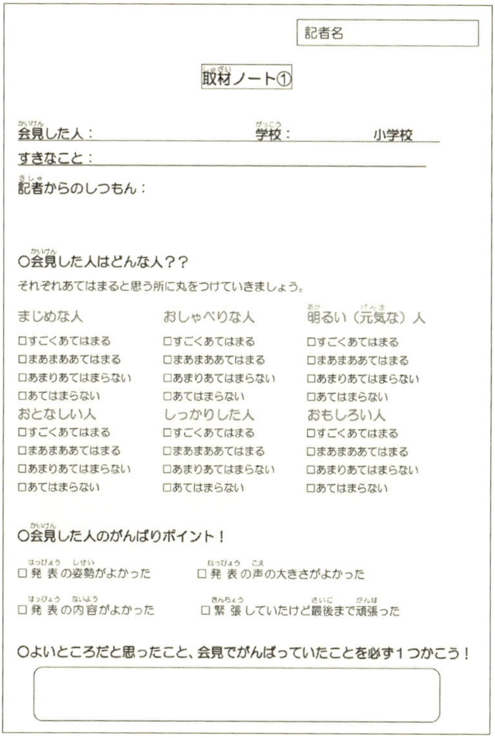

記者名

取材ノート①

会見した人：　　　　学校：　　　　小学校

すきなこと：

記者からのしつもん：

○会見した人はどんな人？？

それぞれあてはまると思う所に丸をつけていきましょう。

まじめな人	おしゃべりな人	明るい（元気な）人
□すごくあてはまる	□すごくあてはまる	□すごくあてはまる
□まあまああてはまる	□まあまああてはまる	□まあまああてはまる
□あまりあてはまらない	□あまりあてはまらない	□あまりあてはまらない
□あてはまらない	□あてはまらない	□あてはまらない
おとなしい人	しっかりした人	おもしろい人
□すごくあてはまる	□すごくあてはまる	□すごくあてはまる
□まあまああてはまる	□まあまああてはまる	□まあまああてはまる
□あまりあてはまらない	□あまりあてはまらない	□あまりあてはまらない
□あてはまらない	□あてはまらない	□あてはまらない

○会見した人のがんばりポイント！

□発表の姿勢がよかった　　□発表の声の大きさがよかった

□発表の内容がよかった　　□緊張していたけど最後まで頑張った

○よいところだと思ったこと、会見でがんばっていたことを必ず１つかこう！

図3-3　取材ノート

とを「おとなしい」と思っていたけれども、他の子どもたちが「明るい」「しっかりしている」と評価していたことにとても驚くとともに、「そんな風に見えるのかな」とうれしそうに取材シートを見せてくれました。

● 身近な「他者」の存在が子どもを支える

木谷（2009b）は，新たな自己を発見するための「他者」の存在の必要性を指摘しています。相手に指摘されて初めて自分の知らなかった自分に気づくということはよくあることだと思いますが、子

どもたちにもそれはいえることです。とくに、発達の気になる子どもたちは、自分のことを考えてみたり、自分のことをうまく表現できないことが多いため、周囲の力がさらに重要になります。やはり同年代の子どもたちの力というのは大きく、子どもたち同士のやり取りの中で、「あなたはこういうところがあるよね」「それは私も一緒だよ」などと言ってもらえることは、支援者が伝えるよりも時に大きな影響力を与えます。お互いを認め合えるような雰囲気の中で、こうしたやりとりを積み重ねていくことが、発達の気になる子どもたちが、自分の存在を他者との関係の中で位置づけ、自分を理解していくことにつながっていくのだと思います。

文献

堀美和子 (2009)『高機能広汎性発達障害者の高等教育機関進学後の適応と支援に関する研究』科学研究費補助金研究成果報告書

木谷秀勝 (2009b)「高機能広汎性発達障害の高校年代における支援」『児童青年精神医学とその近接領域』50 (2)、31-39

望月葉子 (2002)「軽度発達障害者の「自己理解」の重要性──通常学級に在籍した事例を中心として」『発達障害研究』24、254-261

小川一美 (2002)「1章 豊かな人間関係をめざして」吉田俊和・廣岡秀一・斎藤和志編『教室で学ぶ社会の中の人間行動──心理学を利用した新しい授業例』明治図書、17-32

田辺夫美・津田芳見・橋本俊顕 (2010)「小学生高学年の高機能広汎性発達障害と定型発達児の自己概念に関する比較研究──共感性、心の理論との関係」『小児の精神と神経』50 (2)、175-187

吉田俊和・廣岡秀一・斎藤和志編 (2002)『教室で学ぶ社会の中の人間行動──心理学を利用した新しい授業例』明治図書

第4章 事例にみる支援方法

　ここでは実際の事例を通して、二次障害や自己理解の悩みやつまずきをより詳細に理解し、特に本人はどのような場面でどのように苦戦するのかを紹介します。そしてそのような場面で周囲はどのようにかかわり支援したらよいのかを考えます。

　なお、本章の事例は架空事例ですが、診断名については旧診断名（DSM-Ⅳ）のまま記入している例もあります。

1 衝動性と攻撃性のコントロールが弱い子どもへの支援

　衝動性や攻撃性は、誰の中にもあるものですが、向かう対象や方向、程度によっては、ときとして問題となることがあります。ここでは、衝動性や攻撃性のコントロールが弱く、対人場面で困難を生じた事例をご紹介します。事例を通して、こうした子どもの理解と対応について考えてみます。

事例の概要

　ヒロト君は小学校3年生（8歳）で、授業中じっとしていられないことを親が心配して小児科に受診しました。

　ヒロト君は、幼いころから身体を動かすのが大好きな子どもでした。一人歩きを始めると、スーパーなどでカートに乗せることは難しく、母親が目を離した隙に、いなくなってしまうこともしばしばでした。ベビーカーで散歩に行くと、いつまでも帰りたがらず、祖父母に車で迎えに来てもらったことも一度や二度ではありませんでした。家では、1つの遊びに集中して取り組むことが苦手で、床の上には、短時間でいろいろな玩具が転がりました。幼稚園では、教室の中にいることよりも、砂場で遊ぶことや、虫探しを好みました。保育士が声をかけると、うれしそうに逃げていくこともありました。また他児との玩具の取り合いでは、手が出てしまうことが頻繁にありました。

　小学校に上がると、苦手なことや思い通りにいかないことがある

第4章　事例にみる支援方法

と、大声を出し、それを注意されると教室から飛び出してしまいました。忘れ物も多く、そのときは反省したように見えますが、すぐに同じことをしてしまいました。友達のちょっとしたことばに腹を立てて、叩いてしまうということが増えてきました。そうした様子が目立つようになり、スクールカウンセラーから当院を紹介され、筆者のもとに来談してきました。

支援の経過

　ヒロト君は、年齢に比べると小柄で幼い印象です。話の間は、たえず身体が動いています。〈何か困っていることはある？〉と聞くと、「ケンカしちゃう……いつも怒られる」と言います。〈ケンカにならない、怒られないような方法、でも自分の思いも伝わる方法を考えていこう〉と提案し、ヒロト君とのかかわりが始まりました。
　筆者は、介入の手がかりを探るため学校のことを尋ねましたが、ヒロト君は「忘れた」「わからない」と言い、本当に忘れているのか、思い出したくないのかわかりません。そのため、筆者との間で、その場で起こったことを取り上げていくというかかわりが必要でし

た。たとえば、勝敗のあるゲームで筆者に勝つと、立ち上がって喜びを表現します。反対に思い通りにいかないと、乱暴なことばが出てきます。筆者は、〈やったね〉〈悔しいよね〉と、ヒロト君が感じているであろう心情をことばにして返し、〈あきらめずに我慢できている〉と、問題行動が出ていないときに評価するようにしました。

　並行して行った両親との面談では、正直さ、ブレーキの効きにくさ、エネルギーの多さといったことばでヒロト君の特性を説明していきました。母親は、これまでヒロト君を叱るという対応が多かったこと、自分も厳しく育てられたことを振り返るようになりました。ご両親は、「ヒロトはこれが精いっぱいなんですよね」と肯定的な見方ができるようになっていきました。

　そんな中、筆者の所へ来る直前に、学校で、他児のアドバイスに怒って叩いてしまうということがありました。筆者の前でも怒りが収まらず、相手の子への批判を次々に口にします。筆者は、ヒロト君の気持ちを汲みながらも、〈でも、手が出てしまうと、相手とケンカになるし、大人のお説教もあるし、ヒロト君に損が多いよね。他の方法に変えられるといいね〉と伝え、怒ったときの対応や、クールダウンの方法を一緒に考えました。学校の先生とも数回に渡って話し合いをもち、以下のような説明とお願いをしました。

　まず、ヒロト君は、かかわりをもちたい気持ちは人一倍強いもののブレーキの効きにくさからトラブルや失敗が多くなってしまうという特性について説明しました。この特性は、本人の努力だけでは改善が難しいにもかかわらず、周囲から注意や叱責を受けることが多いために、ヒロト君は自信を失い相手の言動を被害的に受け取りやすく、些細なことで怒りや苛立ちを抑えられなくなっているという状態についても説明しました。さらに現在は「トラブルを事前に避けるような環境の工夫が必要」で、「否定的なことばを避ける」

「我慢できたときやトラブルになっていないときを評価する」といったかかわりの要点も確認しました。
　上記のような対応を続けていくことで、ヒロト君の行動は少しずつ穏やかになり、高学年に上がるころには大きなトラブルは見られなくなっていました。しかし、"乱暴者""こわい"といったヒロト君に対するイメージはなかなか変わりませんでした。筆者は、ヒロト君が自分をコントロールできるようになっていることを繰り返し伝えていきました。
　そんな中、運動会の練習で他の子とぶつかった際に、ヒロト君が怒って相手の子を突き飛ばしてしまいました。すぐに先生が取り押さえましたが、ヒロト君は「みんな僕がそういう奴だって思ってるんだ！」と声をあげたとのことでした。筆者はその話を聞き、ヒロト君のがんばりにもかかわらず、変わらない周囲の評価、それに対する苛立ちや無力感という筆者なりの見解を伝えました。ヒロト君は涙ぐんでいました。母親もまったく同じ見解をもっていて、家でもヒロト君のがんばりを伝えたとのことでした。
　その後、卒業生を送る会で、ヒロト君を含む数名が学年の出し物の代表を任されました。ヒロト君の独創的なアイデアや場を盛り上げる様子に、周囲のヒロト君への評価が変わり始めました。

支援後の経過

　中学校で新たに出会った友人たちは、先入観なくヒロト君を見てくれました。そうした新しい対人関係の中では、まっすぐで優しいヒロト君の元々の性格が前面に出てくるようになりました。バスケットボール部に入って、練習にも熱心に取り組むようになりました。場を盛り上げようとするあまり、調子に乗ってしまうこともあ

りますが、自分で気づいて、場を取り繕うようになりました。進路について「自分はじっと座って勉強するのは合わない」と筆者に言い、バスケットボール部もあり、実技が多い工業高校への進学を考えるようになりました。

> まとめ

　ヒロト君は、衝動性や攻撃性のために、学校でのトラブルが多い子どもでした。しかし、筆者が学校で起こった実際の場面について取り上げようとしても、場面自体を想起することが難しく、介入の材料にすることはできませんでした。そのため、筆者との遊びやコミュニケーションを通して、ヒロト君が自己コントロールの力を獲得できるように支援するというかかわりが必要でした。その際、ヒロト君自身が感じているであろう心情や、同じ場にいる筆者の心情をことばにして共有すること、対処方法を具体的に考えていくことに重点を置きました。そして、よい行動を褒めるだけでなく、不適切な行動が出ていないときもそれを評価するようにしました。加えて、両親へのガイダンスや学校との連携も行いましたが、その際に

は問題行動への対応だけでなく、そのような行動に至らなければならない背景を伝えるようにしました。徐々に問題行動は減り、ヒロト君自身は変わっていきましたが、今度は、"変わらない周囲の評価"に苦しみました。この時期、筆者は、ヒロト君のよい変化を繰り返し伝えていきました。ヒロト君は、新たな人間関係の拡がりにも助けられ、自らの特性を理解しながらも自己を肯定的にとらえ直すことができたと考えられます。

2 場面が理解できない子どもへの支援

　ここでは、対人場面での困難の背景に、「場面が理解できない」「共感する力が弱い」といった特性があると考えられた事例をご紹介します。事例を通して、こうした子どもの理解と対応について考えてみます。

> 事例の概要

　タクヤ君は小学校4年生（9歳）で、頻繁にお腹が痛くなることを主訴に小児科を受診しました。
　タクヤ君は乳幼児期の運動発達は順調でしたが、始語は2歳、二語文は3歳とことばの発達はゆっくりでした。ミニカーが大好きで、何時間でも1人で遊ぶことができました。幼稚園では、行事などいつもと違うことには不安を訴え、お遊戯ではみんなとテンポが合い

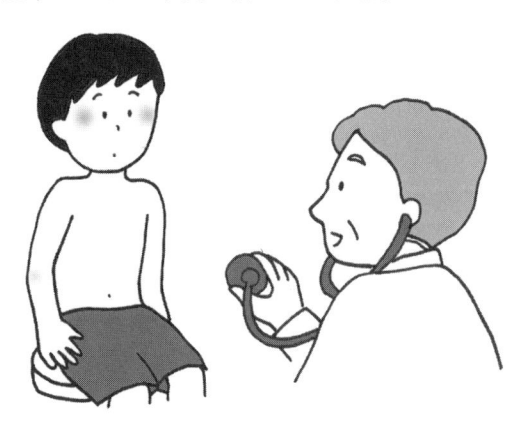

にくいところがありました。小学校では友人ができにくく、そのことを心配したご両親はタクヤ君をサッカークラブに入れましたが、なかなか馴染むことができませんでした。当のタクヤ君自身は友人ができにくいことを気にしていないようでした。4年生になると腹痛を頻繁に訴えるようになり、当院の小児科を受診しましたが、身体の異常は見られませんでした。母親からは腹痛の他にも忘れ物が多いことや、作業に手間取りやすいという話が聞かれたため、医師から臨床心理士（以下筆者）との面接を紹介されて来談しました。

支援の経過

　タクヤ君は年齢に比べると幼く見える男の子で、話の最中でもボーと他のことを考えているような様子も見えました。〈何か困っていることや気になることはある？〉と質問すると、「これが気になります」と指のイボを触ります。こちらから、受診理由だった腹痛について話題にしても、他人事のような受け答えをします。友達もいると言いますが、仲良しの子の名前を挙げることはできません。一方、大好きな鉄道やカード収集の話になると表情が明るくなり、こちらが質問しなくてもいろいろな話を聞かせてくれます。タクヤ君との話の最後に、〈たくさん話してくれてありがとう。こんな風に好きなことの話をしたり、ゲームなどを一緒にしたり、ときには困っていることについて一緒に作戦会議していきたい〉と提案し、面接を継続することになりました。

　タクヤ君は毎回、学校や腹痛の話は「オッケーです」とすぐに終わらせ、自分の好きな話を始めます。その表情はとても活き活きとしており、筆者にも意見を求め、自分と同じ意見だととてもうれしそうにします。後日、ご両親から伺った話ですが、このころ、タク

ヤ君は、「俺と先生は赤い糸で結ばれている」と言っていたそうです。相談に来るようになって間もなく、腹痛の訴えはなくなっていました。

　支援においてご両親とも並行して面接をしていきましたが、ご両親はタクヤ君の対人関係を幼少期から心配されていました。サッカークラブに入れた理由も友達作りの助けになればという思いからでした。しかし周囲から避けられることもあり、かえってつらい思いをすることもあったようです。筆者は、タクヤ君には場の雰囲気や相手の意図を読むということに元々の苦手さがあり、そのことが対人関係を難しくしていることを説明していきました。ご両親は、「サッカークラブ自体も負担だったかもしれない。今後は、本人にとって無理のない環境を選ばせてあげたい」とお話しされるようになっていきました。

　5年生になるころには、タクヤ君は以前よりも積極的に授業にも参加するようになりました。しかし授業中に的外れなことを言って、みんなから非難されたり、からかわれることも増えました。あるとき、クラスメイトの発言に対して1人だけ大笑いしてしまい、クラス中の反感を買ってしまうことがありました。それに対してタクヤ君は、「みんなが僕を責める」と怒ってしまいました。筆者は、〈馬鹿にされた気がして、嫌な思いをしたんだね〉と、まずはタクヤ君の気持ちに共感するようにしました。続いてその直前のことを順番に聞いていきました。そして、話の全体を把握し、それをタクヤ君にわかるように説明し、その理解を共有するようにしました。相手のことばを被害的に受け取りやすくなっているタクヤ君に対しては、笑われた子の気持ちや、クラスメイトがタクヤ君を責めた理由が理解できるまでには、丁寧なやり取りが必要でした。さらに、〈発表は真面目な場面。聞く人も真面目。真面目なときは、笑っちゃいけ

ないんだ〉と伝えました。毎回そのような作業を続けていく中で、学校などでうまくいかないことをタクヤ君の方から筆者に相談してくれるようになっていきました。

中学校ではサッカー部に入りましたが、"何となく避けられる"ことが何度かありました。このころ、家でもイライラすることが多くなっていました。筆者はご両親に対して、タクヤ君は他の子たちと仲良くしたい気持ちはあるものの、それが叶わないために、ストレスが増えていることを説明しました。

あるとき家族で行った温泉旅行で、食事にお品書きが添えてあり、料理の内容や提供される順番などがわかりやすかったことを話してくれました。そのエピソードを通して、〈予測しやすいことが安心につながるみたいだね。逆に、予測できないときは不安になるのかな〉と返しました。そこからスポーツの話題を出し、サッカーも先の予測がつきにくいスポーツであるということを確認し合いました。また、旅館で卓球をしたことが楽しかったようで、その後も家族で卓球をするようになりました。サッカー部の人間関係は、その後も改善せず、次第に部活へ行こうとすると腹痛が生じるようになり、ついには休部することになりました。筆者は、タクヤ君のがんばりを評価した上で、〈タクヤ君が、やっていて楽しい部活がいいかもね〉と感想を伝えていきました。筆者や学校の先生とも、何度か相談を重ねるなかで、タクヤ君はサッカー部を辞めることに決めました。

支援後の経過

2年生になるとタクヤ君は卓球部に入りました。卓球部では思い通りに打てなくてラケットを投げたりすることはあるものの、話の

できる友達もできて、以前よりも楽しそうにしていました。教室でも卓球部の子と過ごすようになり、怒ることはずいぶんと減っていきました。それでも怒ってしまうときには、先生に相談に行くようになり、大きなトラブルになることは減っていきました。筆者の所では進路についての話題になったときに、「高校では、卓球か陸上をやりたい。サッカーは大変だった。人数が少ない競技の方がいい」と語るようになりました。

> まとめ

　タクヤ君は場面の理解が苦手で、自分が困っているということも気づきにくい子どもでした。面接の初期は面接場面が"困っていることを相談に来る場所"であるということすら、うまく理解できていないことがうかがえました。そのため、まずはタクヤ君の興味・関心に沿って話をする中で、信頼関係を築くことに重きを置きました。信頼できる他者や安心できる場所を得たタクヤ君は、精神的にも落ち着き、物事にも積極的になっていきました。
　しかし他者とかかわるほどに、タクヤ君の「場面理解の困難さ」

や「共感する力の弱さ」が問題となってきました。タクヤ君は目の前の状況やまわりの人の気持ちなどを的確にとらえることが難しいために、問題の全体像が見えにくく、自分が言われたことばだけを被害的に受け取って怒っていました。筆者は質問をすることで、問題の全体像をタクヤ君と一緒に理解するようにしました。そして、状況に応じた適切な行動を一緒に考えるようにしました。

このように、筆者が行ってきたことはタクヤ君の「場面理解の困難さ」と「共感する力の弱さ」を補い、具体的な対処法を一緒に考える、ガイドのような役割だったといえます。また、ご両親の中でタクヤ君の特性に対する理解が進んだことも大きな支えとなりました。こうした保護的な環境の中で、タクヤ君は自分の特性を緩やかに理解していけるようになったと考えられます。

3 こだわりが強い子どもへの支援
――完ぺき主義が気になる子ども

　本節では、第2章で紹介した「こだわりの強い子ども」への支援を紹介します。とくに、完ぺき主義的なこだわりが強すぎるために困難を抱えている子どもとその支援について、小学校で支援プログラムを行った事例を取り上げています。

事例の概要

　ユウタ君は、公立小学校の通常学級に在籍する小学校4年生（10歳）の男の子で、家族構成は父親（47歳）、母親（42歳）、弟（6歳）の4人家族です。
　身体面の発達や、ことばの出始めの時期などに大きな遅れはありませんでしたが、幼児期より視線が合いにくい、話し方が一方的で会話のキャッチボールがしにくい、同年代の子どもへの関心が薄く一緒に遊ぼうとしないなどの対人コミュニケーションの苦手さがありました。また、慣れない人や場所がとても苦手で、とくに初めて行く場所では泣き続けて活動にならない、自分が遊んでいるところに介入されると不機嫌になるなどこだわりも強く、両親も強い困り感を抱いていました。3歳児健診で発達障害の可能性を指摘され医療機関を受診することになりました。その後、受診した医師よりASDの診断を受けました。
　幼稚園入園の際にはあらかじめユウタ君の特徴を園に伝え、個別にフォローしてもらうことで、本人のペースで少しずつ集団での活

動に馴染んでいく様子が見られました。家でも、初めての場所に行く際には前もって伝えることでユウタ君の心構えができるように配慮するなど、両親も対応を工夫するようになりました。
　小学校では、1年生から通常学級に在籍しています。図工や体育は苦手ですが、国語や算数は得意で全体的に成績は優秀です。入学当初は慣れるまでに時間がかかったり、時間割が急に変更になるとどうしてよいかわからなくなり固まってしまうなどこだわりの問題が出ることもありましたが、先生から個別に声をかけてもらったり、学校のルールを理解していくにつれ、比較的落ち着いて学校生活を過ごせるようになっていきました。
　もともと真面目な性格で、覚えたルールを守って物事を進めようとがんばるユウタ君でしたが、小学4年生になり、完ぺき主義的な強いこだわりを示すようになってきました。具体的には、テストで間違いがあると正しい答えを覚えるために何度もノートに書き写し納得するまで終われない、テストで98点を取っても100点でないことが許せずに先生に追試を要求して困らせてしまう、友達がルールを守らないことに過剰な怒りがわき何度も注意してしまう、などの行動が見られました。何事においても失敗に弱く、失敗すると泣

いてしまい、すぐに気持ちを切り替えることが難しい様子が多く見られるようになりました。

支援の経過

上述したようなつまずきに対して、「自分はバカなんだ」「どうせ何をやってもダメなんだ」と落ち込む様子がひどくなったり、完ぺきを求めがんばりすぎて体調を崩すようになったため、心配した母親がスクールカウンセラーの相談に来所されました。スクールカウンセラーが母親から生育歴などの情報をうかがい、完ぺき主義的なこだわりに対処するための支援プログラムを実施することになりました。

まず、知能検査（WISC-Ⅳ）を実施し、知的側面についてのアセスメントを行いました。結果は、全検査IQ120（言語性IQ：109、動作性IQ：128）で、知的水準は平均よりも高く、とくに目で見て取り組む課題が得意であるという結果でした。

また、本人とも面接を行い、自分の得意なこと、苦手なこと、困っていることなどを話してもらいました。漢字が得意なこと、ゲームのキャラクターを覚えることが得意なことなど、好きなことや得意なことについては自分から積極的に話してくれました。苦手なこと、困っていることについては積極的に語ろうとしませんでしたが、こちらから「○○は苦手？」「○○で困ったことはない？」と具体的に聞いていくと「うん」「そうだよ」と答えてくれました。

● プログラムの概要

完ぺき主義的なこだわりで困難を抱えているASDの子ども向けに林ら（2010）が作成したプログラムを実施しました。この支援プ

ログラムは認知行動療法の考え方をベースに作成されています。「認知」とは物事の考え方、とらえ方のことであり、認知行動療法では、この「認知」と「感情（不安、怒りなど）」「行動（パニックになるなど）」を分けて考えます。そして、認知に焦点を当て、不安や怒りにつながるような考え方（認知のゆがみ）を変えることで感情や行動をコントロールし、落ち着いた生活を送れることを目指します。

　プログラムでは、ASDの子どもたちが視覚的に見て考えることができるように、ワークブックを用います。自分のことを振り返ることが苦手なASDの子どもをサポートするために、ストーリーの登場人物に「きちっと君」というキャラクターを設定し、具体的な事例を四コマ漫画などでストーリー化しています。まずはきちっと君の事例を読み、完ぺき主義の考え方について学び（ステップ1～3）、その後に自分のことについて考えてみる（ステップ4～5）、日常生活で練習する（ステップ6）という手順で進めていきます。

● **ユウタ君の取り組みの様子**

　本人の理解度やペースに合わせて、毎回45分程度、4回に分けて以下のステップ1～5を実施しました。また、行った内容を毎回保護者と担任教諭にもフィードバックし、家庭や教室での様子を見守ってもらうようにお願いしました。

ステップ1 自分の考え方の特徴に気付く

まず「きちっと君チェックリスト」に回答してもらいました（表4-1）。これは、自分がどんな考え方をしているか意識してもらうことを目的としています。子どもと一緒にワークブックを進める支援者、親御さんにとっては、ここで子ども自身がどのくらい自分のことを正確にとらえられているのか（自己モニタリングできているか）をチェックする機会になります。

真面目な性格であるユウタ君は、ワークブックへの最初の取り組みも非常にスムーズでした。こちらが説明することに頷きながら聞くなど、「優等生」という雰囲気が感じられました。最初の6項目のチェックリストでは、4つの項目に「いつもある」、2つの項目に「よくある」と回答し、自分の考え方の特徴に気付いている（ある程度自己理解ができている）ことがうかがえました。

表4-1 きちっと君チェックリスト

1. うまくできなかったことや、失敗したことを気にして、くよくよ考えることがある。
2. 100％完全にできなければ、できないことと同じ…と考えることがある。
3. 少しでもまちがえてしまったら、「もう自分はダメだ！」とものすごく落ち込んでしまうことがある。
4. ものごとはなんでも完全にやらないと満足できない…と思っている。
5. うまくいかないかもしれないと思うことは、やろうとしないことがある。
6. 1回失敗したら、そのことは「もううまくいかない！」と思ってしまう。

※ それぞれ、「まったくない」「ときどきある」「よくある」「いつもある」、の4つから、自分に当てはまるものを選ぶ。

第4章　事例にみる支援方法

ステップ2　きちっと君の考え方の特徴を知る

　きちっと君はどんな子なのか、具体的なストーリーを挙げながら説明しました。宿題を完ぺきにこなす、クラスでのルールを守るなど、いつもがんばっていて良い面がある一方で、困ってしまう場面（完ぺき主義思考のマイナスの側面）があることを説明します。また、きちっと君の誤った考え方をフローチャートで示し（図4-1）、一度はまってしまうとなかなか抜け出せない「心の中の落とし穴」として説明していきました。

　ユウタ君は漫画に興味を示し、楽しそうに読み進めていました。ストーリーについて「ユウタ君も同じような体験をしたことあるかな？」と尋ねると「僕もテストで間違えちゃうと泣きたくなっちゃうときがある」と答えてくれ、自分もきちっと君と同じところがあ

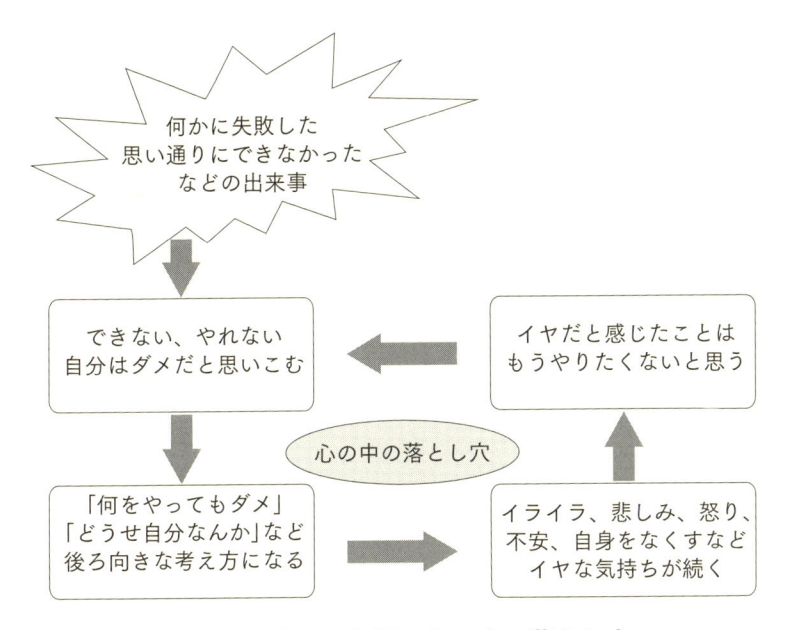

図4-1　きちっと君の心の中の落とし穴

るということを理解している様子でした。しかし実際の嫌な記憶がフラッシュバックしたのか、次第に表情が曇りプログラムに取り組むことがつらそうな様子が見られたため、ワークブックを進めることを一時中断し、休憩を入れたり、好きなことの話をして気分転換を行いました。「きちっと君は困るときもあるけどいいところもたくさんあったよね」「きちっと君は落とし穴にはまりやすいけど、落とし穴から抜け出す方法も勉強するから安心してね」など、ユウタ君が再度プログラムに取り組みやすくなるような声かけも行いました。

ステップ3　視点の変え方を考える

　次に、きちっと君が落とし穴から抜け出すにはどう考えたらよいかを学びました。多くのASDの子どもは、自分の考え方に間違いがあることについて気付いていませんし、考え方を変える必要があるとは思っていません。こだわりが強いASDの子の場合はとくに、「考え方を変えてはいけない」と思っているかもしれません。しかし、きちっと君が困ってしまう場合には考え方を変えてもよいこと、考え方は変えることができ、そうすることで気持ちが落ち着くことを説明します。

　このステップは、きちっと君が立ち直るストーリーの漫画だったので、ユウタ君も落ち着きを取り戻して進めることができました。「きちっと君が自分はダメって思わないためにはどんな声をかけてあげればいいかな？」と問うと100点が取れずに落ち込むきちっと君に対して「次のテストでがんばればいいよ、90点でもがんばったよって言ったらどうかな」と、例に挙げられたことばを用いながら自分でことばにすることができました。

ステップ4　自分の場合を考える

　ここまできちっと君の事例に沿って学習してきましたが、次は、自分の経験を振り返ってもらいながら、自分自身について考えていきました。「あなたはどんなときに落とし穴に落ちやすいですか?」という質問をし、テスト、勉強、宿題、忘れ物、運動、クラスメイト、などの落とし穴を選んでもらいます。選んだ落とし穴から、具体的な体験を聞いていき、どんな考え方をしているか整理していくことを目指しました。

　いよいよユウタ君自身の話を聞いていくステップだったので、最初に、思い出して気分が悪くなったら休憩を入れることを約束した上で取り組みました。自分の場合の落とし穴を選ぶ際には、テスト、勉強、忘れ物、遊び、クラスメイトの5項目に○をつけ、「自分もきちっと君みたいに、テストが100点じゃないと怒っちゃうときがある」「ゲームが思い通りにできないとイライラする」など自分の体験を語ってくれました。

ステップ5　気持ちを切り替えることばを探す

　自分が心の中の落とし穴に落ちてしまったとき、あるいは落ちてしまいそうなとき、気持ちを切り替えて落ち着けるような、自分なりのことばを探しました。このことばを「マジカルワード」と名付け、「まあいいか」「がんばったから大丈夫」「これでもいいか」「次もあるさ」などを例に挙げています。

　ステップ4で挙げられたユウタ君の体験に触れながら、「そういうときに、どんなことばを唱えるとホッとできるかな?」と問いかけ、ユウタ君自身のマジカルワードを探していきました。例に挙げられていたものから「まぁいいか」「次もあるさ」を選択するとともに、「失敗は成功のもと、っていうのは?」と自分なりのマジカ

ルワードを挙げることができました。最後にプログラム全体を一度振り返り、落とし穴にはまりそうなときはマジカルワードを唱えてみようということを確認しました。

ステップ6 日常生活の中で、考え方を変える練習をする

最後のステップでは、考え方が変えられること、考え方を変えてみると落ち着くことを、実際の生活の中で体感し、身につけていくことを目指します。

保護者と担任教諭にもプログラムでのユウタ君の様子を伝え、家庭や学校で完ぺき主義的なこだわりでひどく落ち込む様子が見られた場合、1日のうちで良いことはなかったか振り返らせる声かけや、マジカルワードを思い出してもらうような声かけを行ってもらいました。学校に提出する日記に良いことが書かれていた場合は、そう考えられたことを支持するコメントを返してもらい、ユウタ君の自信につながるようにしてもらいました。

支援後の経過

プログラム実施後、ユウタ君に感想を聞いたところ、「自分がきちっと君と似ていて、面白かった」「僕だけじゃなくてきちっと君も困ってるんだなと思った」「マジカルワードがあるのを初めて知った」と話してくれました。自分だけが困っている、どうしていいかわからないという状態から、「自分はきちっと君と似ている、困ったときは対処法がある」と気付けたことはユウタ君にとって大きな一歩となったのではないかと思います。

また、保護者面接を行いユウタ君の様子を確認しました。保護者からは、友達が遊びに来たときにゲームをしていて、以前ならゲー

ムを貸してもらうまで諦められなかったのが、「次にやらせてね」「僕は他のゲームをやろう」と気持ちの切り替えができるようになったということや、得意科目のテストで100点を取れなかったときに落ち込みはするものの、「できなかったところを復習して次は100点をとる」と言って、前ほど落ち込まなくなったという報告が聞かれました。また、テレビや漫画できちっと君と似たタイプのキャラクターを見ると、「この人は目標が高すぎるね」と指摘するようになったということでした。

担任教諭からも、教室でも以前に比べて落ち着いていることが報告されました。落ち込んだときにどのように声をかけたらいいのか、先生自身も具体的に理解でき、ユウタ君にかかわりやすくなったという意見が挙げられました。

まとめ

今回は、完ぺき主義的なこだわりに対する支援プログラムを紹介しました。こだわりの強さの背景にASDの特性があり、とくに知的能力が高いお子さんの場合は、自分がどんなこだわりで困っているのか、どう考えれば楽になるのか、逆に、自分の生活に役立っているこだわりは何か、ということを一緒に整理することで本人が楽になり、まわりも対応しやすくなると思います。良いこだわりは活かしながら、生活に困難を生じさせるこだわりとの付き合い方のコツを、お子さんと一緒に見つけていけるとよいでしょう。

文献

林陽子・吉橋由香・田倉さやか・辻井正次(2010)「高機能広汎性発達障害児

を対象とした完全主義対応プログラム作成の試み」『小児の精神と神経』50 (4)，407-417.

林陽子（2012）「完ぺき主義」への対処法——「きちっと君」の理解と支援」『アスペハート』31、58-62.

4 否定的自己の子どもへの支援
——「僕はどうせダメなんだ」と自分を責める男児

　発達の気になる子どもたちとかかわるとき、子どもの自己評価が非常に低く自信をもって何かに取り組んでもらうということが難しいことがあります。本節では、そうした傾向のある子どもに対して、学校、保護者、医療機関がそれぞれ役割を分担しながら支援を行った事例を紹介します。

> **事例の概要**

　カケル君（仮名・11歳）は小学校5年生の男の子で、父親（43歳）、母親（41歳）、妹（9歳、小学3年生）の4人家族です。
　カケル君は、幼稚園での集団生活で、「友達と一緒に遊ぼうとしない」「こだわりが強い」ということを先生から指摘され、母親が心配して医療機関に相談したところ、広汎性発達障害の診断を受けました。それまで、母親もことばの発達が他の子どもに比べて少し遅れていることや、ひたすら同じ遊びを繰り返していること、公園に行ってもあまり他の子どもに関心がないことなどを心配をしていました。診断を受けてから、母親は医療機関で定期的に相談をし、カケル君に必要なサポートができるようにしてきました。小学校入学前には知能検査を行い、主治医からは知的には問題ない（WISC-Ⅲ知能検査で、FIQ=105）との報告を受けたとのことでした。
　カケル君の通う小学校は小規模の学校（1学年2クラス程度）ということもあり、カケル君は、普通級で先生から個別の指示を受け

ることで、落ちついて過ごすことができていました。また、「勉強、宿題はきちんとしなければならない」というカケル君自身の思いもあって、学校でも家でも学習にもまじめに取り組んでいました。ただ、図工や体育など身体を使う科目になると、思うようにできず授業中に泣き出してしまったり、怒り出すことがたびたびあり、落ちつくまで保健室で過ごすということもありました。幼稚園にいたころは、友達との関係もあまりありませんでしたが、小学校に入るとカケル君の大好きなアニメという共通の趣味で気の合う友達ができ、休み時間に遊んだりする様子も見られるようにもなりました。先生との関係については、先生の方から声をかけてくれることでやりとりをすることはできるのですが、困ったことやわからないことがあってもそれを自分からうまく伝えることができずそのままになってしまうことがよくありました。

　カケル君は4年生の後半ごろから、「勉強が難しくなってきた」「僕にはできない」と家で宿題をしながらつぶやくことが増えたようです。「絶対にやらなければ」という思いが強いため、いつまでも机に向かったまま動けないということもありました。授業中も先生の話は聞いているようですが、いざ何か課題に取り掛かるときに

なるとまったく動けない様子も見られるようになりました。グループ学習の際に、自分だけ話を理解していないことを同級生に指摘されることもあったようです。5年生になって、勉強の内容がさらに難しくなり宿題の量も増えたことで、「もう僕はできない！」「みんなはできるのに、どうして僕はこんなにできないんだ」と家では頭を抱えてしまうようになりました。母親が何をいっても「僕はどうせダメなんだ」と言うだけで、落ち込んでいくばかりでした。ときには「学校に行きたくない」と母親に訴えることもありました。宿題もわからなかったところがあると、そこを飛ばして先に進むことができず、そのまま学校にもっていくことが増え、先生にも「できなかった」と伝えるだけで、どうすればいいかを相談することができないままになっていました。

　また、友だちとの関係でも気の合う友達と2人で遊ぶときはよいのですが、複数人で遊ぶような状況になると約束の日時がわからずすっぽかしてしまったり、自分の気持ちをうまく伝えられず、手がでてしまってけんかになることもありました。そういうときは、「僕はどうしたらうまくできるんだろう」と母親に話すこともありました。

支援の経過

　母親はカケル君が自信をなくして元気がないことを担任に相談しました。担任も宿題ができないままもってくることや、なかなか自分から相談にくることができないことなど、気になることがあることを母親に伝えました。学校を行き渋る様子も見られるようになっていることから、定期的に通っている主治医にも意見を聞き、学校や家庭でできる対応を考えていくことを確認しました。母親は主治

医に現状を報告すると、まわりと比較して考えられるようになったことは成長でもあるが、うまくいかないときの対処法をその場で考えて実行することの難しさがあることを指摘しました。ひとまず現在のカケル君の理解力や認知力を確認するため知能検査を実施した上で、その後の支援について検討することになりました。

〈アセスメントの結果〉

　カケル君はクリニックで WISC-Ⅳ 知能検査を受けた結果、全体的な知的能力は平均的ですが、各検査の得点の間に大きな差があり、凸凹があることがわかりました。検査の結果から、カケル君は視覚的な情報を処理することは得意なのですが、聴覚的な情報の記憶や処理が非常に苦手であること、具体的な手がかりがないと、自分で推察したり的確に言葉で伝えたりするということが難しいことが考えられました。特に、読み上げられた問題を記憶しなければならないような課題では、情報量が増えてくると、顔をしかめたり、ため息をつくなど、課題に取り組むことが難しい様子がうかがえました。また、検査時には「これでいいのかな？」と何度も口にするような様子から、できていても自信がもてず不安になってしまう状況が推測されました。

　結果について主治医と本人が話をしたところ、カケル君は「話を聞いていても途中でわけがわからなくなってくることがよくある」「わからないことを説明するのが難しい」と自分の状況を伝えてくれました。また、家での様子を確認すると、母親が話を聞いてくれたり宿題も一緒に考えてくれるのはよいが、それも嫌だと感じることも最近増えてきたと話をしてくれました。主治医は母親と本人に対して、カケル君が自分の状況をきちんと伝えられる力があることを踏まえ、カケル君に対して本人が了解すれば個別のカウンセリン

グを受けて、そこで本人の気持ちも確認してもらいながら対処方法をゆっくり考えられるとよいこと、検査の結果および本人の特徴は学校にも伝えた上で対応できることを一緒に考えてもらえるよう相談するとよいとの提案がありました。

　検査の結果から、カケル君は話を聞いているようでも実は混乱していたり、理解ができていないことがあることを再確認することができました。それと同時に、わからないことや困ったことをうまく伝えるのが苦手で、それが状況を悪化させていることが考えられました。とくに、国語や社会、グループ学習など、ことばでの表現ややりとりが必要になる課題が増えると、困ってしまうことが増えるようでした。友だちとの関係も、複数人が話をしているような状況になると、話の流れについていくことができず、必要な情報を的確につかめないままトラブルになってしまうことが考えられました。

● **方針**

1）学校での方針

　担任は母親と相談の上、長期的な目標として、カケル君自身が必要に応じて自分から相談に来たり解決策を考えたりできる力を身につけることとしました。そして、ひとまず短期的な目標として、カケル君が授業（とくに国語と社会）でわからなかったことを休み時間に一緒に確認できるようにすることとしました。また、できるだけ大事なことは黒板に書きとめるようにすることにしました。

　カケル君ができないことばかりに目を向けてしまっているので、自分ができていることにも目を向けてもらえるよう、個別のアプローチだけでなくクラス全体の取り組みとしても働きかけていくこととしました。

2）カウンセリングの開始および方針

　カケル君は、2週間に1回、受診している医療機関で臨床心理士（以下、筆者）による個別のカウンセリングを受けることになりました。そこではまずカケル君との関係を作りながら、カケル君が日ごろ感じていることや困っていることなどを少しずつ取り上げ、カケル君自身が感じている気持ちをことばにしてもらうとともに、日常生活でどのように対処していくことができるかを一緒に考えていけるようにしました。また、本人の了解を得た上で、日常生活で取り組めそうなことについては必要に応じて母親にフィードバックを行い、家庭や学校でもフォローをしてもらえるようにしました。

3）家庭での方針

　家庭では、カケル君は自分の状況をある程度話すことができているため、引き続き状況を確認するようにしました。しかし、母親からの働きかけに対して抵抗を感じることも出てきていることから、担任や主治医と相談し、宿題などの課題についてはあまり干渉せず本人が聞いてきたときに応えるようにしました。また、母親が学校や医療機関に家庭での状況を伝えたり、必要に応じて学校・医療機関の間での情報交換ができるよう取り次ぐことになりました。

● 支援の実施

1）学校での対応

　担任は、授業中もカケル君にこまめに声をかけるようにし、とくに課題に取り組む際に固まっているときには、再度個別に説明し、本人が理解できたかどうかを確認するようにしました。また、授業の中の大事なことは板書で明示し、「ここは大事だからノートに書く」ことを口頭でも伝えるようにしたり、授業後には「質問タイ

ム」としてわからないことがないかを確認する時間を設けました。「質問タイム」はカケル君がまわりを気にし始めていることから、誰でも利用できる形にしたのです。質問タイムを作ってしばらくは他の児童が利用していたのですが、カケル君と気の合う友達と一緒に行っていたグループ学習で課題が出た際、友達が「先生に聞きに行こう」と声をかけてくれたことをきっかけに、担任からの声かけがあれば自分から質問タイムも少しずつ利用できるようになりました。質問タイムを利用したときには、担任は、本人のノートを確認するとともに、「聞きに来ることができたこと」を評価するようにしました。

　また、学校祭の準備で、クラス全体がそれぞれの役割をこなすことで精いっぱいになりピリピリとした雰囲気になっていた中、工作が苦手なカケル君は同級生と一緒に取り組むことができないことがありました。それを同じグループの同級生たちが批難するようなことがあったようですが、カケル君が制作に必要なものの準備や後片付け・掃除を一生懸命取り組む姿を担任が取り上げ、「みんな苦手なことだけでなくて、できていることがあること、そこにお互い目を向けてそれを尊重して協力していこう」と話をしました。担任は、グループでの学習や学校行事の際など、子どもたちがお互いの行動に目を向けやすいタイミングを見計らって、それぞれががんばっていることを具体的に評価し、クラス全体でそうした雰囲気を作っていけるような働きかけを行いました。

2）カウンセリングの様子

　カケル君は、最初は人見知りや緊張もあって積極的に話をすることができませんでしたが、好きなアニメの話をきっかけに少しずつ臨床心理士とも話ができるようになりました。臨床心理士は学校に

いるときや困ったとき、身体はどんな風に感じるのか、どんな気持ちになるかを丁寧に聞くようにしました。すると、カケル君は授業中話を聞いていると、だんだん頭がボーっとして頭の中が「真っ白」になったり、ときにはひどく痛くなったりするということ、そうなるとまったく話の内容は頭に入ってこないこと、それは友達何人かで話をしていてもよく起こることなどがわかってきました。逆に、落ちついていられるときは、好きなアニメを見たり、アニメのキャラクターのことを考えたりしているときだということも教えてくれました。臨床心理士は、1つの方法として頭がボーっとしてきたときや、痛くなってきたときは、カケル君の「もう限界！」のサインであることを伝え、「おまじない」として大好きなアニメのキャラクターを思い浮かべてみることを提案しました。その上で、わからないところは後で確認すればよいことについても話をしました。なかなか学校の中でこの「おまじない」を使うことは難しいようでしたが、家で宿題をしているときなどには取り組めるようになっていきました。

　また、カケル君は「ねばならない」という考え方が強く、まじめに取り組む姿勢が随所に見られたことから、「がんばっているね」と言われることもあるのではないかと話をすると、「そう言われるけど、自分ではよくわからない」と話してくれました。実感として自分が取り組めていることを確認できないため、余計に不安になってしまうようでした。

　臨床心理士は母親に対して、本人が困っているときは自分たちが想像する以上に混乱した状況にあることや「おまじない」のこと、自分が取り組んでいることに対して実感をもつことの難しさ、逆に点数など具体的な指標に意識が向けられてしまうことについて伝え、何がどこまでできているかということを具体的に根気強く伝えても

らうことが大切であること、「ねばらならない」思考も正負の影響があることを踏まえ、本人もまわりも少しずつ受け流せる経験も必要であることも伝えました。

3）家庭での対応

学校で担任がカケル君に意識的に働きかけたり、カケル君自身がカウンセリングで話ができるようになってきたことから、母親が本人から逐一状況を確認することを意識的に減らすようにしました。宿題など本人が固まっている姿が見られるときには、「おまじない、おまじない」と声をかけてしばらく様子を見るようにしました。

家庭ではカケル君が大きくなるにつれ、「これぐらいわかるだろう、できるだろう」と思ってカケル君に口頭で伝えていたことも、結局やれずじまいで終わったり、的外れなことをしたりすることも多く、両親ともにイライラして叱ってしまうことも多々あったようです。しかし、「叱る」のではなく具体的にわかることばや、メモなど本人が見てわかる情報で補うよう工夫すると、カケル君が取り組めることも増え、母親や父親がイライラする回数も減ってきました。

支援後の経過

母親が、学校の状況を主治医に伝えたり、臨床心理士から聞いた話を担任に伝えるなどそれぞれの状況を確認しながら少しずつ支援を積み重ねていきました。担任もカケル君に対する声のかけ方をさらに工夫したり、カウンセリングでも学校や家庭での状況を具体的に聞き本人が取り組めていることを一緒に確認したり、困ったときの対処や気持ちの切り替え方を一緒に考えるなど、カケル君自身が「わかった」「できた」と感じられる体験を積み重ねられることを意

識しながら働きかけていきました。

　学校では、「わからないことは聞けばよい」ことや、「できていることに注目してそれをお互い大事にする」など、クラス全体で共有する雰囲気ができてきたのに並行して、カケル君がクラスで安心して過ごせるようになり、「学校に行きたくない」と言うようなことはなくなり、友だちとも穏やかに過ごしていることが増えました。授業中固まってしまうこともあり、自分からわからないことを聞きにいくよりも担任から声をカケルことが多いのですが、以前よりは担任がわかる形で自分が困っているところを伝えることができるようになってきました。また、自分がうまくできなかったとき「もうダメだ」と落ち込んでしまうこともありますが、「まあいいか」と自分で言ってみたり、親が声をかけようとすると「落ち着くまで待って」と自分の気持ちを切り替えようとする姿も見られるようになり、いつまでも落ち込んでいるという状況は少なくなりました。家庭では今まで母親が丸抱えで本人への対応を行っていた状況から、役割を分担することができたことで、カケル君との間に適度な距離感ができ冷静に対応できるようになったことも大きな変化だったようです。

できないことが重なると不安定になることも多かったため、引き続き学校、家庭、医療機関での支援が必要でしたが、カケル君自身が少しずつ自分で対処しようとしたり、自分の状況を他者に伝えようとする様子は、本人の力を感じさせるものでもあり、以前のような切迫した状況から脱することができたと考えられました。

> **まとめ**

　自己を否定的に捉えてしまう子どもたちは、わかりやすい指標で判断してしまう、先の見通しを持ちにくいなど本人の特性が関係していることも少なくありませんが、集団生活の中で混乱してしまったとき自分を立て直す「術」を知らなかったり、安心して過ごせる時間を確保できていないことが多々あります。また、自分がしていることに対して「実感」をもちにくいということもあります。常に混沌とした状況で、新しい情報が次々に押し寄せてくるような感覚に陥っているといえるでしょう。そのため、「誰かが助けてくれる」「まわりが受け止めてくれる」「自分の好きなことが認められる」など、本人が安心して過ごせる環境を周囲が整備するのと同時に、子ども自身が混乱したときにどうすれば安心できるか、落ち着くことができるかということを一緒に探っていくことが非常に重要です。その上で、子どもが「できていない」ことではなく「できている」ことに目を向けられるよう、具体的かつ丁寧に働きかけていくことが求められます。

5 自己理解の乏しい子どもへの支援

　自己理解の支援を行うというとき、子どもによっては、そもそも「自分について」意識が向いていない、向け方がわからない場合があります。本節では、そのような自分に目を向けるところから支援が必要な子どもに対する支援の可能性について、3章で取りあげた「自己理解プログラム」を改変し、医療機関でグループ療法を行った事例を取り上げながら考えてみます。

事例の概要

　マモル君は、公立小学校の通常学級に在籍する小学校6年生の男児です。
　発達の経過は、胎生期・出生時にとくに異常なし。乳児期の発達はおおむね順調でしたが、人見知り・後追いなく、発語が遅れていたため、母親はそのことを気にしていました。1歳半健診で相談し、保健センターで実施されている療育グループに参加しましたが、まもなく語彙も増え、卒業となりました。幼児期に入り、ことばも使えるようになってくると、難しいことばを使うこともあり、話し方は年齢よりも大人びた印象になりました。このころから集団にあまりなじめず、一人で過ごすことが多かったようです。
　小学校へ入ると、本を読むことが好きになり、関心のある科学や生物に関する知識を得ることを楽しむようになりました。図書室で借りた本も学校の休み時間に読むようになりましたが、授業が始

まっても読み続けてしまい、過集中と行動の切り替えの難しさがみられました。
　小学校中学年になっても相変わらず一人で過ごすことは多く、同級生からからかわれることも出てきました。普段はおっとりしているのですが、からかわれるとカッとなり、トラブルになることが増えました。切り替えの難しさは感情面でも見られ、一度トラブルになるとその児童の行動が気になってしまい、しばらくの間、その子のちょっとした行動を過剰にとらえてイライラしてしまい、なかなか授業に集中できなくなっていました。しかしその気持ちをその場で言語化することもなく、家で不満を言うことが多い状態でした。
　同時期、家庭の中では、年齢が大きくなってきても、時間の調整や物の管理の難しいことを両親は心配していました。そして、担任の先生と両親で話し合いを重ねる中で、医療機関でアドバイスを受ける必要性を感じ、マモル君が4年生になったときに児童精神科を受診しました。診断名は、自閉スペクトラム症でした。

支援の経過

診断後、本人には投薬治療と通級指導（個別）がスタートしました。母親は、家庭や学校での環境の作り方や本人とのかかわり方について、学校内でスクールカウンセラーとの継続的な相談を始めました。

通級指導では、主にソーシャルスキルに関することを、学校で起きた出来事を具体的に取り上げながら学習しました。投薬が始まり、本人は「視野が広くなった」と学習への取り組み姿勢が変わりました。しかし、学校でも家庭でも、自分の行動を客観的にとらえ行動修正をすること、自分の感情をとらえてコントロールすることがどうしてもうまくいかず、通級指導で学んだこともなかなか生活の中に汎化できずにいました。このような経緯と、本人の「同級生とうまくいくように、なんとかしたい」という思いが湧き上がってきたことが重なり、主治医からの勧めで、自己理解を目的とするグループワークに参加することになりました。

初めて医療機関を訪れたときにも知能検査（WISC-Ⅳ）を実施していましたが、グループワーク参加時までに少し時間が経過していたこともあり、あらためて知能検査（WISC-Ⅳ）を実施しました。全知能指数は109と標準範囲でした。ただし、言語的な情報処理に比べ、視覚的な情報処理、処理速度が苦手だということがわかりました。このとき一緒に描いた人物画では、用紙の上の方に、小さくて表情のない男の子を描きました。また、広汎性発達障害日本自閉症協会評価尺度（PARS）の幼児期ピーク得点は14点（カットオフ9点）、児童期得点19点（カットオフ13点）と、幼少期も現在も自閉スペクトラム症の特性ははっきりともっている状態でした。

グループワーク開始前の本人とのアセスメント面接では、何とかしたい思いと参加意思は語られましたが、具体的に何に困っているかについてはうまく説明できず、好きな本の話や、ゲームの話を楽しそうにしていました。本人には、グループワークで扱うテーマの一覧をみながら、「自分について知ることは大人になっていく上で大切なこと。同じように、自分について考えたい同じ年齢くらいの子たちが数名集まって一緒に考えていきます」と説明をしました。

● 「自己理解プログラム」の概要

　マモル君の参加したグループには、小学校5年生から中学校1年生の6名の知的な遅れを伴わない発達障害もしくはグレーゾーンの児童が参加しました。
　グループワークは全9回で構成され、月2回90分のペースで実施しました。毎回テーマを決め、心理教育、ワークシートを使って自分で考える時間、共有する時間を設けました。前向きな気持ちで取り組めるように、本題に入る前にアイスブレイクとして、前回テーマの復習を兼ねたゲーム、その日の最後には、まとめのためのゲームを設けました。おおまかな流れは、表4-2に記載しました。また毎回、終了時には振り返りシートの記入をし、セルフモニタリングが少しずつできるようにしました。なお、グループワークの進行については、著者（臨床心理士）がファシリテーターをつとめ、臨床心理士もしくは臨床心理学専攻の大学院生がサポートスタッフとしてグループに参加し、個別フォローに当たれるようにしました。

● マモル君の取り組みの様子

　マモル君は、グループワーク初回は緊張のせいか、だるそうに見えました。表情も硬く、スタッフのサポートを受けながらワーク

表4-2　おおまかな流れ

回	テーマ	内容の詳細
1	自己紹介	・自分の名前や所属（外面）と、自分の好きなことなど内面について考える。それを参考に、自己紹介をしてみる
		・名刺交換ゲームを行い、一対一のやり取りでも自己紹介してみる
2	いい気もち・嫌な気もち	・快・不快感情についてどんな気持ちがあるか考える。自分はどのようなときにどんな気持ちになるか、体はどんな状態になるかを考える。リラクセーションをしてみて、体の感覚をつかむ
		・同じ感情でも場合によって感じ方が違うこと、同じ状況でも人によって感じ方が違うことを学ぶ（発表したり、具体的な状況を取り上げ、自分の場合はどれくらいの気持ちの強さか、感情レベル表に名前カードを置きあって、違いを話し合う活動などを取り入れる）
3	自分が頑張っていること、よいところ	・「がんばっていること」「よいところ」の考え方を学ぶ。自分が頑張っていることやいいところについて考える
		・親から見た「自分ががんばっていること」を知る
		・メッセージカードにほかのメンバーの良いところを書いて渡す
4	好き・嫌い、得意・苦手	・自分の好きなこと、嫌いなことをさまざまな側面から考える
		・「得意」や「苦手」の意味を知り、自分の得意・苦手について3領域（学習、生活、その他）から考える。苦手なことへの対処の仕方について学び、話し合う
5	助けてもらえること・助けていること	・自分が「困っている」状態に気づく手がかりを伝え、対処を考える
		・困ったときは誰かに助けてもらえることを知る
		・自分も誰かを助けてあげていることを知る。現在できていることに気づくように促す
6	他者への視点	・周りにいる人たち（ソーシャルサポート）にはどんな人たちがいるかを考える
		・他者と一緒にいるとどんな気持ちになるか考える
		・他者が自分にどんなことをしてもらいたいと思っているか考える。自分が知っていて他者の知らない情報を伝え、課題を完成させるゲームなどで、相手が何を知りたいか、どうしてほしいかを具体的に考えてみる活動をやってみる
7	他者から見た自分	・自分が思う自分と、周りの人が自分に抱く印象が違うことを知る（記者会見ゲームの活用）
		・相手がどんな人物だと思うか考え、言語化する
8	まとめ	・これまで考えてきた内容を振り返り、「ぼく・わたし」新聞を作成する。新聞を共有し、メンバーに新たに知った「ぼく・わたし」情報に、付箋を貼ってもらい、他者理解と自己理解を強化する
9	フォローアップ（8回目終了半年後）	・近況報告と自分たちで話し合って決めた「お楽しみ会」。全員で共同でパズルを作る

シートには自分の特性をいろいろ記入しましたが、自己紹介（発表）もさっと終えてしまいました。ところが、本人の主観としては、ワークシートに自分の好きなことなどをたくさん書けたことから、振り返りシートには、「意外と多趣味かも」と自分について気づいたこと、他児の発表内容にも関心があったことが書かれていました。態度や表情からはマモル君の思いはわかりにくく、自分の内面で起こっていることがうまく表情と態度とつながらないため、生活の中でも他者に思いが伝わりにくいことが予測されました。

　身体と気持ちを考えるセッションや困ったことを扱うセッション（セッション2、5）では、その気持ちを「あまり感じたことがない、（感覚が）よくわからない」とセルフモニタリングが難しく、洞察を一人で深めていくことの難しさがありました。このことは、参加の様子からも見受けられました。回数を重ねるにつれ、徐々に他児にも慣れ、自分を表現できる場と感じ始めたのか、楽しさのあまり、気分が盛り上がって興奮しすぎてしまい、課題に集中できなくなってしまうことがありました。また、他児と共有できた話題を、課題が変わってもそのままひきずり、まわりの雰囲気とあわない行動になってしまうことが目立つようになりましたが、本人はその状態に気づいていない様子でした。

　感情のレベルを考えるときにも、「怒る」ときには、最高レベルで怒ってしまうと表現するなど、感情を感じることができるときには、すでに感情のボルテージがかなり高く、コントロールが難しいレベルまで強まっている場合であることがわかりました。

　マモル君へのかかわりからわかってきた特徴を踏まえ、スタッフは、毎回のワークやゲームなどのサポートの中で、気持ちや体の感覚について、具体的に例を挙げて掘り下げることをしていきました。ただし、感情や身体の感覚をとらえることばかりにこだわらず、感

覚がどうしてもつかみにくいと判断した場合には、そういうときにどういう行動をとるのか、どう対応したらよいかという行動レベルでの話から始めるようにしました。セッション2では、行動レベルのことも「よくわからない」と言って終わってしまっていましたが、セッション5では、「だって、そういう状況になったら、〇〇（行動）するもん」など、感情はわからないなりにも、そのとき自分はどう判断し、行動するのかをスタッフに説明するようになりました。また、たとえば「困っている」状態は「よくわからない」けれど、「筆箱忘れちゃったなら、隣の人にかしてっていうしかないんじゃないかな」など自発的に前向きな対処を言語化するようになっていきました。

　徐々に、ワークの中で感じた自分の思いをスタッフに伝えたり、ワークシートに記入したことを積極的に発表したりするようにもなりました。また、ワークの中でわからないことを質問したり、確認したりできるようにもなっていきました。セッション5のゲームの時間に興奮してしまったとき、スタッフがテンションがずいぶん上がっている状態を伝え、気づきとクールダウンを促しました。このときに、ふだんどんな方法でクールダウンできるのかを尋ねると、「学校での自分はこうではない（自分が出せずおとなしい）から」と自らを振り返り、状況によって違う自分の姿を語ることもありました。

　また、ほかの人から見た自分を考えるための、セッション7で他児への印象のフィードバックを行うときにスタッフを呼び、「A君は、重たいというか……」と表現に困っている様子だったので、どういう意味なのかと聞いてみると「（怖がっているという感じでもなく）いると意識してしまうというか、なんというか……」と答えました。さらに掘り下げてみると「僕にとって……存在感がある

いうか」と言うので、「それは存在感が大きい、ということだね。そういう言い方のほうがいいかな」と伝えると、ピンと来たようですぐにカードに記入しました。他者への思いや印象が自分なりに感じられるようになり、相手に伝えるためにどう表現したらよいかと考える姿が見られるようになりました。

　最終回には、メンバーに向けて真面目に感謝の意を述べることができました。

支援後の経過

　8回目のグループワーク終了後、本人との面接で参加した感想などを尋ねました。すると、「気持ちについてや、助けてもらったり、助けたりすることの良さが学べた」「参加することが楽しみだった。もっとやりたかった」といった感想を自らのことばで表現しました。またこのときに実施した人物画検査では、身体バランスはややアンバランスでしたが、ニコニコした表情の少年の絵が描かれました。

　母親は、「日常生活でも気持ちに焦点があてられるようになり、自分の良さを考えるきっかけになったのではないかと思います」と話し自分ができるお手伝いを始めるなど、うれしい変化があったことが明らかになりました。学校では、まだまだ対人関係でイライラしてしまうこともあるようでしたが、通級指導の先生に自分の思いを聴いてもらいながら、休み時間に好きな読書をするなどして、気分を変えるようになっていったようです。

　フォローアップの9回目では、メンバーに欠席があったので、そのことを非常に残念がりながらも、出席メンバーとの趣味の話（ゲーム）やパズルを思い切り楽しんで帰りました。

　マモル君へのアプローチとして重要だった点は、①似た特性をも

つ児童が集まるグループに所属感をもてたこと・自己表現ができたこと、②そのメンバーと一緒に「自己」に焦点化され明示された目標設定・課題内容に取り組んだこと、③ワークシートへの取り組みからみえてきた本児の特性に対し、スタッフが意識的にサポートを行っていったこと、でした。とくに、マモル君の場合は、グループを大変気に入っており、その中で湧き起こったさまざまな感情体験を取り扱うことができたことが有益だったと思います。

　終了後も、自分の感覚を直感的にとらえることは難しく、また、家庭での物の管理などは依然課題を残しています。グループに参加した体験は、マモル君が自分に目を向けるきっかけに過ぎなかったかもしれませんが、中学校生活では得意な水泳をできる水泳部に所属して、部活動をがんばってみたいと前向きに目標を掲げて小学校を卒業していきました。

> まとめ

　このように、「自己の感覚」をつかむところから「自己理解」の支援をスタートする必要がある場合、まず、感情や自分の特性をリ

アルタイムで感じることができるような課題・環境を設けたり、支援者や共同学習者とのやり取りをその場で取り上げたりする工夫が必要になります。そして、本人が何をわかっていないのか、どんなことから気づいていけるようになるのか、自分のことを考える支援を実施しながら、アセスメントし続けることが大切です。

　このとき、本人が自分の感覚や特徴について知ること、それを表現する（言語化する）ことのメリットを実感できるような支援環境・生活環境があることが前提となります。当たり前のことではありますが、家庭、学校、医療機関の連携を図り、周囲の人間が適切な理解をし、本人の自己理解に合わせたフィードバックが行われていくように環境整備を行っていくことも専門家としての重要な仕事となります。

文献
PARS 委員会『広汎性発達障害日本自閉症協会評定尺度』スペクトラム出版社

執筆者紹介（[　]内は担当箇所）

垣内圭子（かいとう・けいこ）[1章1節①②]
愛知医科大学病院 臨床心理士

松本真理子（まつもと・まりこ）[1章1節③、2節①、2章4節①②]
編著者紹介を参照

永田雅子（ながた・まさこ）[1章2節②]
編著書紹介を参照

野村あすか（のむら・あすか）[2章1節①]
名古屋大学心の発達支援研究実践センター 講師、臨床心理士

林　陽子（はやし・ようこ）[2章2節①、4章3節]
佐賀大学学生支援室 コーディネーター

和田浩平（わだ・こうへい）[2章1節②③]
医療法人仁精会三河病院 臨床心理士

川瀬正裕（かわせ・まさひろ）[2章2節②、3節①、4章1節、2節]
金城学院大学人間科学部 教授

橋本和明（はしもと・かずあき）[2章2節③]
花園大学社会福祉学部 教授

五十嵐哲也（いがらし・てつや）[2章3節②③、2章4節③]
兵庫教育大学大学院学校教育研究科 准教授

鈴木美樹江（すずき・みきえ）[2章4節①②]
人間環境大学人間環境学部 講師

吉橋由香（よしはし・ゆか）[3章1節、3節、4節、4章5節]
臨床心理士

田倉さやか（たくら・さやか）[3章2節、5節、6節、4章4節]
臨床心理士

山本弘一（やまもと・こういち）[4章1節、2節]
JA静岡厚生連遠州病院 臨床心理士

監修者紹介
松本真理子（まつもと・まりこ）
編著者紹介を参照。

永田雅子（ながた・まさこ）
編著者紹介を参照。

野邑健二（のむら・けんじ）
名古屋大学心の発達支援研究実践センター「発達障害分野における治療教育的支援事業」特任教授。浜松医科大学医学部医学科卒業。博士（医学）。児童精神科医師。愛知県青い鳥医療福祉センター児童精神科医長、名古屋大学医学部附属病院親と子どもの心療科助教を経て現職。専門は、児童精神医学、発達障害児への支援、幼児期からの発達支援。主な著作に、『子どもの発達と情緒の障害』（共編著、岩崎学術出版社、2009）、『発達障害児の家族支援（発達障害医学の進歩24巻）』（共編著、診断と治療社、2012）、『児童青年精神医学大辞典』（共訳、西村書店、2012）他。

編著者紹介

松本真理子（まつもと・まりこ）

名古屋大学心の発達支援研究実践センター、大学院教育発達科学研究科教授。名古屋大学大学院教育発達科学研究科博士後期課程修了。博士（心理学）。臨床心理士、学校心理士。聖隷クリストファー看護大学助教授、金城学院大学人間科学部教授を経て、現職。専門は児童・青年期を対象とした臨床心理学。主な著作に、『フィンランドの子どもを支える学校環境と心の健康——子どもにとって大切なことは何か』（編著、明石書店、2013）、『世界の学校心理学事典』（監訳、明石書店、2013）、『心とかかわる臨床心理 第3版——基礎・実際・方法』（共著、ナカニシヤ出版、2015）、『災害に備える心理教育——今日からはじめる心の減災』（編著、ミネルヴァ書房、2016）、『日本とフィンランドにおける子どものウェルビーイングへの多面的アプローチ——子どもの幸福を考える』（編著、明石書店、2017）、『心理アセスメント——心理検査のミニマム・エッセンス』（編著、ナカニシヤ出版、2018）他。

永田雅子（ながた・まさこ）

名古屋大学心の発達支援研究実践センター、大学院教育発達科学研究科教授。名古屋大学大学院教育発達科学研究科博士後期課程中退。博士（心理学）。臨床心理士。日本福祉大学心理臨床研究センター嘱託研究員、名古屋第二赤十字病院小児科臨床心理士、浜松医科大学子どものこころの発達研究センター地域支援室コーディネーターを経て、現職。専門は周産期−乳幼児期の親と子を対象とした発達臨床心理学。主な著作に、『"いのち"と向き合うこと・"こころ"を感じること』（編著、ナカニシヤ出版、2013）、『心理臨床における多職種との連携と協働——つなぎ手としての心理士をめざして』（編著、岩崎学術出版社、2015）、『妊娠・出産・子育てをめぐるこころのケア——親と子の出会いからはじまる周産期精神保健』（編著、ミネルヴァ書房、2016）、『新版 周産期のこころのケア——親と子の出会いとメンタルヘルス』（単著、遠見書房、2017）、他。

心の発達支援シリーズ 4
小学生・中学生　情緒と自己理解の育ちを支える
2016 年 4 月 28 日　初版第 1 刷発行
2019 年 2 月 28 日　初版第 2 刷発行

　　　　　　監修者　　松　本　真 理 子
　　　　　　　　　　　永　田　雅　子
　　　　　　　　　　　野　邑　健　二
　　　　　　編著者　　松　本　真 理 子
　　　　　　　　　　　永　田　雅　子
　　　　　　発行者　　大　江　道　雅
　　　　　　発行所　　株式会社　明石書店
　　　　〒101-0021 東京都千代田区外神田 6-9-5
　　　　　　　　　　　電　話　03-5818-1171
　　　　　　　　　　　ＦＡＸ　03-5818-1174
　　　　　　　　　　　振　替　00100-7-24505
　　　　　　　　　　http://www.akashi.co.jp/
　　　　　　　　　装幀　明石書店デザイン室
　　　　　　　　　DTP　朝日メディアインターナショナル株式会社
　　　　　　　　　印刷・製本　モリモト印刷株式会社

（定価はカバーに記してあります）　　　　　ISBN978-4-7503-4337-2

［JCOPY］〈(社)出版者著作権管理機構　委託出版物〉
本書の無断複写は著作権法上での例外を除き禁じられています。複写される場合は、そのつど事前に、(社)出版者著作権管理機構（電話 03-3513-6969、FAX 03-3513-6979、e-mail: info@jcopy.or.jp）の許諾を得てください。

心の発達支援シリーズ
【全6巻】

[シリーズ監修]
松本真理子、永田雅子、野邑健二

◎A5判／並製／◎各巻2,000円

「発達が気になる」子どもを生涯発達の視点からとらえなおし、保護者や学校の先生に役立つ具体的な支援の道筋を提示する。乳幼児から大学生まで、発達段階に応じて活用できる使いやすいシリーズ。

乳幼児
第1巻 育ちが気になる子どもを支える
永田雅子【著】

幼稚園・保育園児
第2巻 集団生活で気になる子どもを支える
野邑健二【編著】

小学生
第3巻 学習が気になる子どもを支える
福元理英【編著】

小学生・中学生
第4巻 情緒と自己理解の育ちを支える
松本真理子、永田雅子【編著】

中学生・高校生
第5巻 学習・行動が気になる生徒を支える
酒井貴庸【編著】

大学生
第6巻 大学生活の適応が気になる学生を支える
安田道子、鈴木健一【編著】

〈価格は本体価格です〉